东海问俗

话说浙江海洋民俗文化

毛海莹 著

ZHEJIANG UNIVERSITY PRESS
浙江大学出版社

前言
PREFACE

　　呈献给各位读者的这套"浙江海洋文化知识专题"丛书，是由浙江省重点文化创新团队"海洋文化研究创新团队"完成的。每本书的作者，都根据自己扎实的专业知识，以通俗易懂的文笔，从不同角度展示了悠久而丰富的浙江海洋文化。由于中外学者对于海洋文化概念有不同的理解，因此，有必要先对海洋文化的概念略作界定。

　　我们认为，海洋文化就是指人类在利用海洋的过程中创造出来的所有财富。海洋文化可以分为三个层次。第一是物质层次，指的是各种有形的产品，例如船舶、渔具、码头、海塘、烽火台、海神庙，等等。第二是制度层次，指的是各种成文或不成文的规则，例如船主与雇工之间的契约、各种航海规则、中外海洋法规，甚至海盗集团内部的等级制度，等等。第三是精神层次，指的是文学、绘画、音乐、造型艺术、宗教信仰，等等。其中最基础的是物质层次的海洋文化，最上层的是精神层次的海洋文化，居于中间的则是制度层次的海洋文化。这三个层次，构成了一个完整的、立体的、可分析的海洋文化。而这套丛书则对三个层次的浙江海洋文化都进行了介绍和探讨。

也就是说，这套丛书，是我们经过精心设计而推出的，每本书之间，既是独立的，又存在着一定的内在联系。

中国是地球上的海洋大国，浙江则是中国的海洋大省。浙江的海岸线长度（包括大陆海岸线和海岛海岸线）居全国首位，是中国岛屿最多的省份。在这样的自然环境中，世世代代生活在浙江沿海的居民创造出了绚丽多彩的海洋文化。下面略举几个在全国居于前列的事实：

在萧山跨湖桥遗址发现的独木舟，是中国乃至亚洲现今所知最早的木船，因此被誉为"中华第一舟"。

在河姆渡文化的几个遗址中，发现了多支木桨，这也是中国现今所知最早的木桨。

在河姆渡文化的田螺山遗址，发现了金枪鱼、鲨鱼、石斑鱼、鲸鱼等海洋鱼类的残骨，表明当时已有一定规模的近海渔业。

在象山县塔山遗址，发现了商周时期的青铜鱼钩，而且鱼钩上还带有倒刺，有学者称其为"中华第一鱼钩"。

不久前，在宁波大榭岛发现了用来烧制海盐的盐灶群，时代为4000多年前。这也是中国现今所知最早海盐制作遗址。

在宁波东门口发现的北宋木船上，装有用半圆木做成的减摇龙骨，这比国外早了大约700年，而且，现代海洋船舶上依然经常可以见到类似的装置。

根据《宣和奉使高丽图经》《梦粱录》等文献的记载，早在宋代，浙江海船已使用指南针航海，这也是中国最早使用指南针进行航海的区域之一。

目前浙江出土的沉船主要有：史前独木舟，唐代龙舟（宁波和义路），北宋木船（宁波东门口），南宋木船（宁波和义路），元代沉船（慈溪潮塘江），明代木船（象山县涂茨），清代沉船（象山县小白礁）。虽然中国沿海其他省份也都发现过古代沉船，但浙江发现的古代沉船则构成了一个比较完整的系列，这是比较少见的。

16世纪前半期，葡萄牙人驾舟东来，并且在宁波沿海的双屿港建立了贸易基地，这也是欧洲人在东亚建立的第一个贸易基地，此后，全球化的浪潮越来越猛烈地冲击着浙江。

16世纪中期，宁波沿海就有人随着葡萄牙人的船只漂洋过海去往西欧，从而成为最早在欧洲居住的华侨之一。

1842年中英鸦片战争结束后，清政府被迫开放广州、厦门、福州、宁波、上海五个港口城市为通商口岸，浙江因此而被推向对外开放的前沿。

1855年，宁波商人集资购得螺旋桨轮船"宝顺轮"，这也是第一艘属于中国人的轮船，标志着中国轮船时代的到来。

1885年的中法镇海保卫战，是中国近代对西方海战史上唯一取得全面胜利的战役。

在近现代，涌现出了一大批航海名家，包括董浩云（1912—1982年）、包玉刚（1918—1991年）等世界级航运企业家。

宁波舟山港是中国罕见的天然深水良港，货物吞吐量连续九年位居世界第一，2017年突破10亿吨，成为全球首个年货物吞吐量超"10亿吨"的大港。

......

　　上述这些事实表明，浙江海洋文化历史悠久，内涵丰富，特色鲜明，开放包容，与时俱进。今天，世界已经进入了高度发达的全球化时代，而海洋则是将世界各地联系在一起的重要纽带，海洋文化将获得更加广阔的发展空间，浙江海洋文化也将发扬自身特点，更好地走向未来、走向世界。

龚缨晏

2018年3月26日

目录

第一章　海洋物质生活民俗

饮食民俗　　　　　　　　　　　／ 003
服饰民俗　　　　　　　　　　　／ 014
居住建筑民俗　　　　　　　　　／ 018
交通民俗　　　　　　　　　　　／ 031

第二章　海洋生产商贸民俗

生产民俗　　　　　　　　　　　／ 037
商贸民俗　　　　　　　　　　　／ 045

第三章　海洋人生仪礼民俗

寿诞仪礼民俗　　　　　　　　　／ 055
婚姻仪礼民俗　　　　　　　　　／ 066
丧葬仪礼民俗　　　　　　　　　／ 075

第四章　海洋竞技游娱民俗

生产型竞技民俗　　　　　　　　　／086
娱乐型竞技民俗　　　　　　　　　／090
救护型竞技民俗　　　　　　　　　／095

第五章　海洋民间信仰习俗

渔船信俗　　　　　　　　　　　　／101
神祇信俗　　　　　　　　　　　　／109

第六章　海洋民间禁忌习俗

渔民的生活禁忌　　　　　　　　　／131
渔船上的禁忌　　　　　　　　　　／133
对渔妇的禁忌　　　　　　　　　　／136

第七章　海洋民间文艺民俗

民间故事与渔谣渔谚　　　　　　　／141
渔歌号子与民间舞蹈　　　　　　　／150
民间曲艺与民间鼓乐　　　　　　　／163
渔民画与民间手工艺　　　　　　　／171

第八章 海洋渔风节日民俗

传统民俗活动 / 183

渔俗节庆活动 / 195

海洋特色仪式活动 / 202

第九章 海洋民俗的交流与传播

海峡两岸交流 / 215

与日韩的交流 / 219

与其他各国的交流 / 228

附录一：浙江省非物质文化遗产保护条例 / 233

附录二：浙江省各级海洋非物质文化遗产名录 / 246

参考文献 / 282

后 记 / 287

第一章 海洋物质生活民俗

地处中国东南沿海、长江三角洲南翼的浙江省是一个典型的海洋省份。浙江省大陆海岸线和海岛岸线长度位居中国第一，也是中国岛屿最多的一个省份。在这样一个有着丰富的海洋资源、浓厚的海洋气息的沿海省份，渔民的生活从来没有离开过海，他们在自然环境影响下形成的生活民俗，也被深深打上了海洋的印记，形成了极富海洋特色的生活习俗和文化。

饮食民俗

　　俗话说："靠山吃山，靠海吃海。"长期以来，浙江沿海渔民的饮食习俗既沿袭了周边农村共有的稻作文化传统，又保持了自己独特的渔海文化特色。

　　沿海居民食物谱系中多以海洋食物为主。早期临海而居的先民们就地取材，从大海中渔猎采集浅海贝类来充饥。我国沿海遗存了大量的贝丘遗址，这些都是先民们把吃剩下来的贝壳抛弃在居住地附近，日积月累堆积而成的，这足以见证当时沿海先民的饮食习俗。随着独木舟的出现、航海业的发展，先民们逐渐开始以捕鱼为生，将多余的渔获物晒干储存，以备不能出海捕鱼时食用。随着耜耕农业的发展，再加上农作物的易储存性，周边农村部分谷物进入渔民食谱。渔获物与农产品两者逐渐共同成为渔民的主要食物。

渔民的日常食俗

"一日三餐，两干一稀，农忙季节，三餐均干"，这是浙东渔民的典型餐谱。渔民们的早餐以泡饭或粥为主，然而一到农忙季节，稀饭类的早餐就不能满足他们高强度的生产劳动需求了。午餐和晚餐以大米为主，有些地方如象山一带，曾主食番薯干，尤其在青黄不接的年代。清明至中秋期间，由于白昼较长，家人会在下午三四点钟给百工、客人及家里小孩加餐，加餐以点心为主，辅以一些简单的菜肴。

浙东渔民的餐桌上，除了当地农家特有的腌菜，如咸菜、苋菜股、臭冬瓜等菜之外，还有渔家特色的菜，如咸蟹、泥螺、糟鱼、咸鳓鱼等。另外，渔民们还有家庭制酱的习惯。渔民们平时吃得较为简单，时蔬类有瓜茄豆菜以及刚捕上来的小海鲜，若碰上渔船返岸时，为庆祝家人团圆，就会有满桌的各种做法的海鲜菜肴改善伙食；招待客人时，一般都会倾囊设宴，有鱼有虾，有鸡有猪，加上冷菜，满满一桌，并且一定要喝酒助兴；喜庆筵席时，更要杀鸡宰鸭，一般为"九大碗"，丰盛的有"十大碗""十二大碗"。随着时代的变化和渔民生活水平的提高，桌上碗数渐有增加，到20世纪90年代渔民餐桌上常常多至二三十碗，鸡鸭鱼虾、牛羊猪肉毕备。

浙东沿海盛行风味小吃，花色繁多，主要以糯米粉或掺籼米粉制成，有年糕、团、发糕、馒头、汤团、麻糍、麦饼筒等。米团按馅料不同，可分笋团、菜团、萝卜团、红豆团；麻糍则用纯糯米掺蓬蒿或将糯米用乌叶汁浸泡制成；灰汁团、灰汁麦果，多在早稻登场时制食；夹沙糕，俗称"状元糕"，多用于喜庆场合；和气团、麻团，多用于婚嫁；寿桃（馒头）则用于寿辰；金团多用于婴儿周岁时馈送亲友。最有特色的当属红圆和红龟，它们是寄托意愿、祈福求祥的象征物。其用途和用意在各个不同的场合不尽相同，例如，孩子满月、周年，用12只红圆垒成一盘，先在祖宗牌位前奉祀，然后到相关庙里去供奉，祈求孩子一年到头无灾无病、身体强壮。再如，新房落成后，在上梁这一天，要制作很多红圆。在浙东沿海渔村，其他点心还有鱼滋面、米豆腐、汤果、百宝饭等。旧时由于百工劳作强度较大，一般会在两餐间准备点心。点心往往是成批预制，不易变质，携带也方便，要吃的时候拿出来蒸一下或煮一下即可。渔民出海作业，少则十天，多则一个月，风餐露宿，辛苦自不用说，于是，体贴的家人就会给他们准备各种好吃的点心带到船上去，渔民无论饿了还是想家了随时都可以拿出来吃。点心在主餐期间和其他菜一起上，已经成为浙东渔民宴席上必不可少的一道程序，点心文化也因此成为浙东沿海一带食俗的重要特色。

渔民的海鲜食俗

中国食材中有"山珍海味"之说，海味多指海鲜。海鲜因其口味鲜美而深得食客们的喜好，又因其鲜味难以持久、保鲜不易而弥显珍贵。靠海吃海，渔民的食俗从来就没离开过"海鲜"两字。

浙东地区地处东海之滨，属亚热带海洋性气候，气候温和适宜，热量丰富，鱼类生长速度适中，鱼体肉质相比其他地区更显细腻鲜嫩。同时，浙东地理环境优越，大陆架海底平坦，港湾多，滩涂多，加上江南水乡的淡水径流与海水形成的混水区，饵料生物丰富，水产养殖业发达。因此，这里海鲜品种多、个体小，更显鲜活，独具风味。

海鲜的分类方法很多。最常见也是最简单的分类是从外观和品质来分类，有鱼类、蟹虾类、贝类、软体类、海藻类及其他。从生养地域范围特征来分类，有洄游性、近岸性、河口性等。从处理程度和新鲜度来分类，有活海鲜、冷冻海鲜和干海鲜之分。其他还有野生和养殖类之分，以及一些不完全的分类说法，如经济类、食用类、生态类、饵料类等。

海鲜餐食的做法很多，浙东渔民既保存着传统的烹饪工艺，又不断地创新现代厨艺并融入国内其他菜系中的精华。常见的海鲜做法有清蒸、煮、烩、烤、晒、焗、醉、焖、醋、红烧、盐腌等。对于新鲜的海味，渔家人一般会用最简单的烧法来保持其原汁原味，如清蒸米鱼、清蒸鲳鱼、盐水虾、白煮蟹等。烩法也是很常见的一种做法，不仅制作更为精细，而且配以各种佐料如菜花、香菇、肉丝等，往往会勾一点芡粉，打出的浆汁浓浓的、香香的，真正的色香味俱全，尽显主人厨艺。

鱼羹，是渔家海鲜饮食中一大风味。鱼、蟹之肉皆可作为主料做羹，有黄鱼羹、鲳鱼羹、鲈鱼羹和蟹肉羹等。因为鱼羹是渔民的家常菜肴，又比较容易展现烹调技艺，因此从古至今，渔家女总是把做鱼羹和织渔网一样，当作自己的必备手艺。渔家新媳妇在夫家，脱去新嫁衣，就要为公婆做一顿鱼羹。要是谁家的新娘子鱼羹做得好，很快就会传遍渔乡，受到称赞。无论逢年过节还是婚嫁喜宴，一道精制的鱼羹，总是能成为餐桌上的亮点，也是就餐者品尝美食佳肴的焦点。

鱼冻（图1-1），是渔家人的另一道海鲜风味美食。每逢大年三十，家家户户都要红烧一锅鲜黄鱼、鲜米鱼或鲜带鱼，用碗盛满，一碗一碗地存放于食橱中，一般

图1-1 鱼冻

会有十几碗。由于春节前后气温较低，碗中鱼就会结冻，数天内不会变质，将上年留下的鱼，在新年中一碗一碗慢慢地吃，寓有"年年有鱼（余）"之意，寄托了渔家人企盼年年丰收的美好愿望。渐渐地，鱼冻不再是过年的专利，整个冬天都可以做，渔家人也不再一碗一碗地装，而是盛放于一个缸盘里，要食用时再一碗碗地取。

鱼粥、鱼饭也是海鲜风味美食。制作鱼粥和鱼饭，一般选用新鲜带鱼。冬季带鱼汛，每逢头水带鱼上市或到冬至节时，东海舟山一带的渔家人总喜欢做满满一锅带鱼粥或带鱼饭，让家人尽情品尝。做鱼粥、鱼饭，通常是选用半公斤至一公斤重的中条鲜带鱼，去头尾和内脏，洗净后用利刃片下鱼肉，放进

煮得八成熟的粥锅或饭锅里，再加入些许葱花或青菜。做好后，雪白的米粥，晶莹的鱼肉，还有淡淡的葱香，都令人胃口大开，食后鲜味久久不绝。

最能体现浙东海鲜独特风味的还数腌制和剖晒类的海货，许多徙居他乡的宁波人总会念念不忘小时候的炝蟹、糟鱼、鱼鲞、龙头烤等。

炝蟹（图1-2），也叫咸蟹，在宁波一带是响当当的招牌海鲜菜。活蟹买来后用刷子刷干净，然后调制盐水，这是关键一步，按水与盐2：1的比例彻

图1-2 炝蟹

底溶化，把活蟹壳朝下分层叠装进瓷坛，最后倒进盐水，浸没螃蟹即可，可放些料酒，过夜即能食用。也有取出后用保鲜袋分别包装直接放入速冻箱，只要冰不化就不会发黑，放一年都没问题。类似的做法也可用于制作蟹糊、蟹浆等。

糟鱼，也叫醋鱼，其他地方也有，但是浙东渔民们会将糟鱼做得更有味道。他们往往会挑那种肉肥少刺的鱼类，如鳗鱼、青占鱼、米鱼等，先将鱼肉切成薄片，并在醉鱼的甏内撒入盐、香料，浇上酒，然后一层鱼片一层佐料，待鱼片层层叠满后密封甏口，放置月余或两三个月即可食之。糟鱼开封时，醋香扑鼻，是出海渔民钟爱的下饭菜。

剖晒鱼鲞的习俗可以追溯到春秋时期。《吴地记》载："吴

王归，思海中所食鱼，问所余，所司云，'并曝干'。王索之，其味美，因书美下着鱼，是为鲞字。"当时吴王在海上作战时曾令士兵大量捕捉石首鱼充当军食，吃剩剖晒后带回。用大黄鱼加工制成的白鲞，味鲜美、肉结实，是浙东最负盛名的名贵海产品。其他还有米鱼鲞、鳓鱼鲞、目鱼鲞等。

烤头，是宁波一带渔民对小鱼类剖晒成干后的一种统称，主要有龙头烤、梅童烤、带鱼丝烤等，尤以龙头烤（图1-3）最为闻名，被誉为宁波土特产之一。

图1-3 龙头烤

渔家人常年都备有这些蟹酱、咸泥螺、鱼干等极易下饭的食物，尤其是早餐，泡饭就着咸咸的蟹酱，简便又美味。

渔民饮酒习俗

海上渔民常年以船为家、以海为生，于是便养成了以酒为伴的习俗。浙东渔民普遍爱喝黄酒或自制米酒，这类酒存放时间较长，俗称老酒。渔民喝老酒有许多名堂，体现出独特的俗趣。

渔家人一向豪爽好客，凡有客来，定会倾其所有，把家里最好的菜和酒拿出来招待。哪怕菜不多，老酒是不能少的，热一两壶酒，劝客人尽量多喝，劝酒风盛。无论是家里请客还是酒席场合，大伙儿喝得兴致高时就会猜拳，渔民本来风里来浪里去的嗓门就大，划拳时往往大声吆喝，比谁的嗓门大，以便以声势夺人，镇住对方，输的人则只能装出一副豪爽样满大碗地喝罚酒，场面热闹非凡，往往会引来许多人围观起哄。

酒为旧时祭祀、宴请所必需。无论农忙还是渔业生产，渔民干过累活后都会喝上一碗热腾腾的本地米酒；也可冲上鸡蛋，叫"酒冲蛋"，甜甜的，既爽口又滋补。本地酒多自酿，大多是米酒，也有黄酒，度数不高，味甘苦。出海的渔民们则不满足于这些温性酒，他们更酷爱烈性酒，既能驱除海上的寒意，又能打发船上的寂苦日子。"枪毙烧"酒是奉化、象山一带渔民的最爱，这种酒很烈，酒精度有60度，但喝了很爽口。

酒在渔民的日常生活和传统节日中都扮演着十分重要的角色。据传，周代时，冬至日是新年元旦，是个很热闹的日子。今天的浙东一带仍有"吃了冬至夜饭长一岁"的说法，俗称"添岁"。渔家主妇们把做冬至羹饭作为一桩重要的大事，需配齐各色祭品、菜肴和酒水，一点也不逊于年夜饭和清明羹饭。冬至阴极阳生，初生之阳不很强壮而需人"扶"，故又有喝"扶阳酒"之说。也有一说是，冬至后捕带鱼的渔船就要上南洋，渔民要离家外出，因此渔家人精心准备酒肴为即将离乡出远洋的亲人饯行，寄托平安、丰收之愿。

年节酒也颇为重要。渔民长期身居海上孤舟，出没于波涛海浪间，回家时间无法固定，唯有过年定要回家团圆。他们把过年这个节日看得最重，因而也以饮酒相庆。一则因常年劳作海上，难得与家人团聚、与亲友相会，在漫长的使用木帆船的年代，渔民们在春节前后半个月是不出海的，许多渔村、渔家就相互请吃年饭，欢聚喝酒。有的从农历十二月二十起就开始互请，大多数则是从正月初三四开始互请，直到正月初十后出海捕鱼。吃年饭喝酒，是渔民过年时最为热闹和开心的事。有的船老大喝酒兴致高时，酒量惊人，久喝不醉，干脆脱了鞋袜，光脚踏地，浑身酒热透过脚心，通体散发。

按东海渔乡习俗，正月初六就要开始做春汛生产的准备，如张网渔户要打桁绁，扎网窗；拖虾捕春鱼的，就要补网修船。因此，无论是有船网工具的渔民为自己备汛，还是受雇于船东的渔民上工，都有"初六开架"（即开工）之说。于是，在正月初五或提前一天，渔家主妇要做新年羹饭，再次祭祖，同时也借此备些酒菜，让即将开始一年辛劳的丈夫或父兄再畅快地喝顿酒，这叫"新年酒"。

除此之外，酒在祭祀仪式中也发挥着重要的作用，祭海神酒就是其中一种。祭海神酒又分为开洋酒和谢洋酒。每逢在春汛、夏汛、秋汛和冬汛的第一天出海之前，渔家总要聚集港湾滩头，举行祭海神仪式，以酒、鱼和三牲供奉。祭海神仪式结束后，渔民就在海滩上大碗大碗地饮酒，以壮出洋征海之胆识，以求一汛之丰收，此谓"开洋酒"。而"谢洋酒"则是渔民为庆贺一个渔汛的丰收，也为感谢海神的护佑，在海滩上举行的祭海神仪式。此仪式后，渔民将船抬上岸搁置安全处，然后开怀畅饮。一时，港湾海滩上酒碗高举，酒香四溢。

还有就是庆贺木龙赴水酒，即在新船造好，举行祭海神、祭船官菩萨仪式之后，渔民在自己新入海的渔船上祈求吉祥、平安的喜庆酒。渔民有两处家，除了岸上自己的家外，另一处就是船。捕鱼人一年四季大部分时间在船上劳作，因此以船为家的时候更多；再者，渔船是养家糊口之本，因此，渔民爱船敬船之情不是常人所能想象。渔民把新船入海称之为"木龙赴水"（赴水谐音富庶），并将其视作自己的盛大节日。即使再贫困，也要置办酒水鱼肉，邀来乡亲父老和船上伙计，开怀畅饮一番，将这个仪式搞得热热闹闹，以求出海一帆风顺，返港鱼虾满舱。

无独有偶，酒在国外渔民生活中同样是地位非凡。国外每逢举行新船下水仪式时，一道必不可少的仪式是要船主的夫人在下船前打开一瓶香槟酒。据说，这个习俗起源于古代的西方。那时由于技术落后，航海是一种非常有生命危险的职业，船毁人亡的海难事故经常不可避免地发生。因此，每当船只遇难时，船员就会在纸上写上遇难的船名、失事日期、失事方位、遇难船员的姓名和籍贯以及其他一些要告知他人的事项，然后把纸卷起来塞入空瓶中，将瓶口密封后投入海洋，任其漂流，指望被过路的船舶看到或流到海岸时被人发现，从而获取求生的可能。船员家属最不愿看到的就是香槟瓶，于是在船只下水之前，砸碎一瓶香槟酒，将醇香扑鼻的酒洒在船艏周围，以驱邪避难，祈求吉利。

渔民饮食中的殊风异俗

东海一带的渔民在其日常饮食生活中，都表现出许多与众不同的习俗。这些殊风异俗不仅世代相传，而且约束甚严，不论是岛上、船上的渔家还是外来之客都必须严格遵守。否则，就被认为是对神明不敬或不吉利。

首先，吃鱼不能翻鱼身。渔民食鱼，除了带鱼、鳗鱼等鱼体较长的鱼，无论是黄鱼、鲳鱼、鳓鱼，或是石斑鱼、虎头鱼等各种鱼类，一般都仅去其不能食用的鱼内脏而保留全鱼，并在鱼体中间划几刀，以使油、酱之类佐料渗入鱼肉入味。烹饪熟了之后，端上桌来也是全鱼。吃鱼时，一般是主人先以筷指鱼示请，请客人尝第一筷，然后宾主一道食用，以示好客。但当一面鱼体的肉被吃净后，不能用筷子夹住鱼体翻身。一般会从鱼的骨架缝隙间将筷子伸进去，拨拉出下面的鱼肉。吃鱼时不仅筷子不能拨翻鱼身，而且口中也不能说"翻鱼身"，主人总是会在做示范动作的同时说"顺着再吃"。有些懂习俗的客人索性吃了鱼的正面后就不再去动筷了，以免尴尬。

渔民终年四海漂泊，以船为家，辛勤捕捞，船是养家糊口的依靠。他们把船看作自己的生命所系，故而希望保平安，图丰收，绝对不愿有船"翻"的事发生。另外，渔民视船为"木龙"，而龙又是鱼所变，所谓"鱼龙"之说，即是此意。所以，"吃鱼不能翻鱼身"也就成为一条约定俗成的禁忌，在渔乡一直戒守至今。

其次，羹匙是不能背朝上放的。到渔船上或去渔家作客，你会看到，渔家人在吃羹或汤食中所用的羹匙都是背朝下平放在桌上或碟中，而绝不会将匙背朝上搁在羹汤碗沿，男女老幼皆遵循这个习俗。这是因为羹匙形状像船，渔家人最忌讳"翻"船之类的现象，因而羹匙倒置会让人联想到翻船，此风俗再次反映了渔家人祈求海上平安的心愿。

再者，筷子不能横搁碗上。和羹匙不能背朝上搁置一样，在渔船上或渔民家里，筷子横搁碗沿上也是一大忌讳。渔民海上捕捞航行，船触礁搁浅是最忌讳的事之一。筷子横搁碗沿上近似船搁礁状，因而就成了渔村的禁忌习俗。

渔家饮食中还有其他种种忌讳，也颇具特色。

在渔乡吃鱼，不能说"吃光""吃完"或"吃尽"，大概是世世代代贫困穷苦的渔民迷信这些话会带来不吉利吧。

另外，渔乡的女人一般不上桌面。在古代中国，男尊女卑，女人的地位很低，渔民既迷信敬神又严遵祖训，故对女人所定的规矩非常严格。一般家里来客人，都由男性主人作陪；家里的女性则会聚在厨房，要么忙着做菜，要么帮厨、烧火、聊天，一般不会出来坐到席位上去。

服饰民俗

古时浙江沿海处吴越之地，因此渔民的服饰受吴越古风影响颇多。吴越之地除了冬季稍冷外，春、夏、秋三季均较为暖热，因而渔民喜欢穿紧身短衣，即为"短绻不结，短袂攘卷"，而且其衣襟一般都是朝左边开，即为"左衽"。这种左衽衫袖口窄小，且腰间系丝带或短裙。可见，旧时渔民穿着短小，主要是为了在海上作业时行动方便。

渔民衣着款式

东海渔民，自古以来直至20世纪50年代前期，冬季穿的多为粗布大襟衫，开左衽，为夹衣，就连棉袄也是左衽大襟式，棉背心则是左衽大襟无袖；初春、秋末为单衣；而夏季，大多为对襟无领无袖衫，襟上用布质纽襻。裤子则为裤腿肥大的龙裤。腰系布质撩樵，即为腰带。而渔妇服饰，除左衽大襟衫和兑裤（裤子）外，一般均在腰际系一条长及膝盖或短至膝上的裙裾，俗称"布襦"（图1-4）。这种服饰十分明显地展示出春秋战国时期吴越先人的服饰遗风，只是根据海洋生产的特点和生活的需要，做了不少改造。

东海渔民喜爱的十字裆龙裤（图1-5），就是吴越古风在渔民服饰习俗上的集中体现与发展。龙裤，是用粗布做的直筒大脚单裤，裤腰宽大，左右开衩分前后两片，左右两边开衩处缝有布带子，分前后系在腰间；紧贴前后身两面，有一块方形、用线缝成一片斜角的布裥，形状像鱼鳞，外形美观，穿着舒适又暖和。龙裤颜色有深蓝色、黑色和用白布做成再经栲皮染就的黄褐色等多种。

图1-4　东海渔妇服饰　　　　图1-5　东海渔民十字裆龙裤

清末民初，渔民中盛行用蓝色或青色斜纹花其布料制作十字裆龙裤。这种龙裤，裤腰两边有七彩丝线绣的"八仙过海"图案，或观世音菩萨的莲台祥云，或青松白鹤、黄龙飞禽等图样；腰身前后裤子上也分别绣有"顺风得利"与"四海平安"等祈求平安丰收的字样。然而，据说最早的时候，龙裤前后的图案绣的是两条龙，是海龙王赐予渔民专门对付野蛟的。关于绣这两条龙的缘由也有两种说法：一种说法是渔民到龙王庙拜祭，祈求能将龙的形象绣在裤子上，以震慑野蛟，使之不敢侵犯；另一种说法是，渔民为了摆脱蛟龙的扰乱，特地在裤子上绣上龙，让蛟龙认为是同类，就不会来伤害他们了。所以最早这种裤子叫龙裤，后来也称之为"笼裤"。

明清两代及民国早期，渔船上的服饰穿着还有等级分别，如春、秋汛渔船上不管是船老大还是船员都穿单裤；但到夏汛，老大穿长的薄质布料裤，而船员则穿短裤。这是因为老大一般只管操舵，下网、拔网和起鱼货等活都是由船员承担，海水、鱼鳞等容易沾湿、玷污衣裤，故而船员大都穿短裤。随着时代变迁，渔民服饰习俗上的这种差别也渐渐消失。

渔民衣着演变

渔民在海上劳作时的外层保护性服饰，旧时是用龙头细布或帆布制成长布襢、袖套，然后用桐油抹几遍，有防水渗透的作用，多在渔汛劳作时系戴。橡胶和塑制品面世后，逐步改用橡胶或塑制布襢、裤和袖套、手套，渔捞衣着条件大为改观。

渔民出海，原本是不分春夏秋冬都打赤脚，只有在下雪结冰天才带双芦花蒲草鞋到船上，主要是因为蒲草鞋防滑，也可防海水浸蚀。旧时因为穷，大多渔民都舍不得穿蒲草鞋，喜欢赤脚作业，返航上岸时才穿上鞋。20世纪六七十年代以后，渔民也逐步改穿"半截靴""长筒靴"，其均为橡胶制。现在也有了连裤带靴，再也看不到渔民打赤脚拔网操作了。

海岛曾盛行夏天穿木屐。不分男女老少，到了夏天，渔家每人都有一双木屐。家中富裕的，穿木质好、工艺精致的彩雕木屐；家中贫穷买不起的，就用木板片自按脚样锯制一双，钉上布带就穿上了。女的一般穿花色木屐，男的则穿本色木屐。一双木屐，能穿好几年甚至十来年。不分晴雨，穿着一双木屐居家或上街，十分方便。"穿起木屐哐啷响，未见人面就知晓"，每逢夏天，渔镇的石板路上，一片木屐击地声，远远听来，有一种独特的渔岛韵味。穿木屐的习俗，一直延续到20世纪80年代初。这种习俗的由来已经说不清楚，但与日本渔民穿木屐，可称同风共俗。沈家门是当时浙江渔业的重要集散地，是浙江渔民出海返回的必靠之地，渐渐成了极为繁荣的商业区，也成了渔家人的时尚港都。木屐在当时的流行，一种说法是渔民们从东洋（指现在日本一带）带来，逐渐在沈家门及附近渔村流行起来的。

木屐适合走平坦且近距离的路，然而其缺陷也很明显：不适合走远路，不能劳作，不能在崎岖山路使用。所以，渔民许多时候穿的是用稻草编的草鞋。草鞋虽轻巧，但毕竟是用稻草编成的，也不耐用，后来人们又用破布条代替稻草秆，制成布草鞋。还有一种鞋是用咸草编成的，比草鞋更先进了一步，前后阔阔的，前有鞋面，后有鞋跟，鞋口两边也加上两条带子，穿上时带子一系紧，鞋就不会脱落，这种鞋称"草拢"。草拢的耐穿性和保暖性都比木屐、草鞋要好。草拢除了日常穿着，在丧葬习俗上也有特殊的用途。

近年来，渔民的生活不断改善，穿着发生了很大变化。在岸上，运动衫、T恤衫、夹克衫、休闲装、西装等已很风行。在浙江很多地方，渔村的生活水平比其他农村地区要高，渔家人也渐渐成为农村穿着时尚的先锋。

居住建筑民俗

渔民建筑的历史变迁

东海渔民世居海岛或海滨，他们的居住习俗跟其他地方一样，受自然地理环境和生产水平的影响，既有着历史变迁的印迹，又有着独特的地方风貌。

选址

古时，渔村民居的选址受自然条件影响较多。在定海马岙唐家墩，考古人员发现有九个用熟土和贝壳堆积而成的土墩，为距今五千多年前新石器时期的海岛先民居住村落群遗迹，它们的宅址都在海边。究其原因，一是为了远离高山，避开野兽的攻击；二是为了开门见海，出门入滩，便于退潮时下滩拾贝或捕捉浅海鱼蟹。但是，在偏僻的悬水小岛，情况恰恰相反。嵊泗列岛的黄龙岛、花鸟岛等诸岛，还有浙南洞头岛，最早迁徙上岛的先民，都把宅址选择在海岛的山坳处，远离海湾和海口。这是因为岛小风大，在海湾边建房，不仅因为害怕海潮台风的正面袭击，提防海盗上岛抢劫，更因当年小岛的海湾里生长着丛丛芦苇，常有海兽和鲨鱼出没其间，十分危险。直到后来，海平线下降，芦苇衰败，人类抗灾防盗能力也渐渐提高，渔民才从山顶迁房至山下，直至海滩，形成现在的渔村民居格局。

海岛的民居会依山而筑，充分利用天然空间。比如，在浙南洞头、浙北嵊泗等悬水小岛，山高路陡，平地极少，房屋像重庆山城一样，傍地而上，层层登高，遥观之与空中高悬的海市蜃楼无异，颇为奇观。海岛人的居住形态至今还是能找到一些古代穴居的遗风，如在一些偏僻小岛上，尚能见到明清时所建的渔寮，大多与山崖的石洞相连，俗称"建厂"。在嵊泗列岛的黄龙岛，尚可找到两百多年前第一批岛民上岛定居时的海岛洞穴。

建筑材料

东海民居的材料多因地制宜。海岛民居的墙宇都是用光洁坚硬的花岗块石筑成，块块方石垒墙而建。石间的缝隙古时用沙灰粘连，现在用的是水泥拌黄沙，十分牢固，这就与江浙内地的民居有很大的不同。在浙江桐乡一带的农村，往往把泥土放在夹板框中用木夯夯实建墙，俗称"泥墙"。而在宁波的慈溪一带，则是用窑烧制砖头筑墙，又称"砖门墙"。唯有海岛，尤其是小岛的民居大都用石头筑墙。不仅墙宇如此，而且民居的地板、门框、窗架，甚至连屋顶的盖板都是用当地的长条石制成，俗称"石屋"。这在浙南温岭石塘和嵊泗黄龙的峙岙村尤为显著，并因此成了一些美院师生的写生基地。之所以如此，一是因为海岛上多的是石头，就地取材，省力省钱；二是因为海岛多风多雨，春、夏季又较潮湿，只有用坚固的石头筑墙，才能抗台风、挡暴雨，防潮湿和腐蚀。因此，久而成俗，石屋成了东海民居的特有标志。

海岛民居的建筑材料，还有一个特点，就是与海洋性生产资料共享并用。悬海小岛早期的民居大多是茅草房，俗称"草屋""渔寮"，其屋架柱都是毛竹，而屋顶盖的是野生茅草或稻草。除茅草为小岛固有的野生植物外，毛竹、稻草均非岛上所出产，这是因为小岛本无水稻种植，更无成批的竹林，很明显是从内陆获得。但在购物之初，为的是海上张网作业的需要。这是因为张网作业的网窗是用毛竹搭成四角方方的窗框，而稻草则用来编织捕海蜇的绳网或缏绳，需求量很大。尤其是下海张网过的毛竹，经海水长期浸泡后，不易生虫腐烂，比一般毛竹更具防腐性。因此，在东海渔民早期的民居中，毛竹和稻草被普遍作为建筑材料使用，除了其特定的地域原因外，还与海洋性的生产习俗有关。

居式变迁

海岛上最早出现的民居样式应该是草棚，俗称"渔寮"（图1-6）。以舟山为例，大约在唐宋年间，许多离海岸线较远的偏僻小岛大都是无人居住的荒岛，但鱼类资源特别丰富，一些浙东沿海的渔民去该地捕鱼，为及时加工鱼虾或短暂休息的需求，临时登岛搭棚暂住，待渔汛过后即撤走。因此，这种

图1-6 海岛上的"渔寮"

渔寮构建简陋,一般是用毛竹架成人字形,或稍加矮墙,或用几张草席作挡风墙,上面覆盖稻草作寮顶,再用草绳网加固,只要不被风吹顶或不被暴风雨冲垮即可。在渔寮外往往还有一个较大的土灶,又称"炊虾灶",除用来起灶烧饭煮鱼食用外,多用于鲜虾的炊煮加工,煮熟后再在岛上晒干,渔汛结束时运回内陆出售,而渔寮待明年虾汛时备用。应该说,渔寮是海岛人创建的最早、最原始的人造居住空间。

继渔寮之后,海岛上大多居住方式是茅草房,俗称"草屋"(图1-7)。草屋与渔寮的最大区别在于渔寮是个草棚,为临时性的居住建筑,一般以毛竹为支架支撑屋顶,四壁没有固定的遮风围墙;而草屋则是长期居住的民居建筑,四周有固定的块石围墙。《舟山风俗》一书中记载:"海岛风大雾多潮气重,渔民旧时的住宅多以石墙茅屋为主。"舟山此类茅屋屋顶多用茅草或稻草覆盖,其间用石块压脊,绳网罩顶,以防大风

图1-7 海岛草屋

揭起。屋的形状近似金字塔，四周筑有矮墙，并在大门入口处建筑瓦顶墙门，故有"草屋瓦墙门"之说。温州洞头岛的情况又有区别，据杨志林的《洞头海岛民俗》一书所说："洞头草屋始于唐宋。明代为土坯和泥垒墙，到了明末，才有石头砌墙的传统，并用海上捕捞的牡蛎粉搭盖石缝。"直到中华人民共和国成立前，这种居式在吴越海岛中还普遍存在。

当然，渔民民居的变迁，各地并非一致。明清年间，在陆地的渔村及舟山一些大岛上，就出现了大批的瓦房建筑，用砖石砌墙，房梁为木质结构，内有雕花窗，十分气派。同一时期，四合院式的民居模式渐渐兴起，有的也造起了两层以上的民式楼房，称为"走马楼"。但是在孤悬小岛，以瓦代草，或以砖换石、以木质结构为主的瓦房的兴起是在1949年以后。至于当前海岛盛行的钢筋水泥结构的洋式楼房或平房，则更是近几十年的事了（图1-8）。

图1-8　石浦现代建筑

渔民的民居结构

海岛渔舍

海岛渔舍的构成，除了讲究宅地外部的所处环境以及地形、方位和村落特征外，更要注重它的内部结构。海岛渔舍的内部结构主要由场、仓、棚、井、屋等几部分组成。

所谓场，即民居前边的空地，海岛人俗称"道地"，这里是用来堆放渔网、鱼笋、盐桶和船橹等渔具的地方，也是鱼蟹被捕捞上岸后进行分类加工和补网、晒鲞之处。场与海洋生产关系最为密切，所以对渔民来说十分重要。平地建屋的场，因为面积较大，四面环以院墙，院墙内侧的东西两廊还可搭起若干棚屋，分别为补网间、盐仓、鲞库、腌鱼间、渔具房、炊虾灶等附属用房。渔民还会在前院出入处，建一红瓦盖顶的门窗，并有墙门可以关启，从而形成四合院式的渔舍格局。山地建屋的场则不同。因面积较小，四面一般没有院墙，或最多也只是些一米左右高的矮墙，仅防孩子不慎掉下山崖；渔具、渔网都堆在露天的场地中；没有仓和棚，仅在露天场上摆放装有盖子的腌鱼桶和大盐缸。

东海渔民的渔舍结构还有个重要设施，那就是井。在海边的渔舍中，几乎家家有水井，或挖在场的上侧角，或设在厨房的大灶前。海岛上无大江大河，昔日又无水库，雨水很难保留，故而淡水奇缺。室内有井，则用水不慌。为此，海岛人建渔舍，先挖井，后造屋，相袭成俗。

至于茅厕，一般设在后墙宇，即屋后小道地的下侧角。用毛竹搭棚，上面盖上茅草或稻草，内放一粪桶，即成茅厕。

所谓鸡笼、鸭笼或小菜地，一般也在后墙宇。这样的布局，前后分割，使正屋和前面的场地整洁有序，安全又卫生。

正屋，是海岛渔舍的主体建筑。瓦房平屋的渔舍一般是坐北朝南的一进（一排称为一进）三间排列。其中，中间为客堂，两边为厢房。东厢房前半间为厨房，后半间为杂用间，中间用木板相隔，并有内门相通。这是因为山地建屋都是独门独户，用途多而房间少，故常常是一室两间。杂用间用来堆放鱼鲞、渔具和粮米，为海岛渔家所必需。中间的客堂有时也一隔为二，前半间为待客、家宴和祀神的堂屋，后半间则为孩子的卧室。为了安置橹、桨等渔具之便，客堂的上面还有搁板或搁房。西厢房一般是主卧室，一个通间，不再分割。当然，房间的布局也有东房西灶的，各有所爱，并不划一。

整体上说，海岛渔舍的民居风格，一般是脊高、墙低、矮门墙，块石垒建，外墙涂漆。墙基有"泰山在此"的镇宅石，屋脊有塑制的土偶、风角和飞龙。若是四合院式的渔舍，门前有照壁，大厅有门匾，所谓"入门为庭，升阶为堂"。最有特色的是门和窗，海岛的门，始为竹门，后为木门，现为防盗钢门。渔舍除正门和侧门外，通常还有一个半截式的腰门。腰门也叫"矮门"，主要是用于禽畜进出。

用茅草盖房的，屋顶开窗，称为"天窗"，实为一块固定的玻璃。瓦房的话南墙开窗，但窗门较小，称为"明厅暗房"。在浙江三门湾的渔村，还有一种奇特的窗，叫"石窗"。石窗实为用石头雕成的花窗，内有图案，多为浮雕、圆雕，具有透气、采光、通风、防盗，以及审美等多种功能。尤其是石窗的图案，上面的龙凤象征吉祥，钱币表达富裕，蝙蝠寓意祝福，"鱼"和"余"谐音。据悉，这些石料采自蛇蟠岛，已有400年的历史。不过，如今的渔家窗户则是越开越大，房屋越来越亮，两层以上的楼房一般都用铝合金窗，看起来比较现代。

四合院

四合院式的民居，一般是明清时期较为富裕的渔户按照江南大户人家的民居风格所建，其布局凸显了封建社会的家族文化和祠堂文化。中心院落是朝东南西北四面各一排房，中间围成一个方正而又宽阔的庭院。根据家族的大小，中心院落后面及两侧各有延伸的小院落，形成多个"进"。宅院四周围墙高筑，颇有气派。

小四合院每排一般有三间房，多为两层木建构。北房坐北朝南，为正房，正中有堂屋，也叫"堂前"，明间开阔，原本是家人起居、招待亲戚或年节时设供祭祖的地方，传至后代也就演变为家族的祠堂，是族人迎娶、出丧等重大典礼的主要活动场所，堂屋两侧是长辈或族中长房的住所。两边为东、西厢房，一般是小辈住所，各有一公用楼梯，上通游廊，旧时楼上尤其是西厢房主要是用作未出嫁女子的闺房。南房中间为进出通道，两侧一般为客房或下人住所。中间四合成的院子，也叫"天井"，或"道地"，是四合院布局的中心，也是族人们纳凉、休闲交流、家务劳动的场所。大宅门多辟于院墙东南角。门旁有延伸的门房、灶房等小屋，或为鲞库、盐仓、虾灶之棚房，与院墙连成一体。

渔民建房仪式

虽说渔民以船为家，过的是海上漂泊生活，但他们更渴望安居乐业，希望上了岸有个安定而舒适的家。所以在建房过程中，东海渔民企吉求安的愿望比陆上其他地方居民更为强烈，仪式更为繁琐。

造房的程序一般有奠基、上梁、砌墙盖瓦和进新屋等几个步骤。

奠基

奠基，包含选地相宅、祭祀动土、挖地排夯、筑基理石等内容。在造屋之前必须先寻找宅基地，并要请风水先生察看阳宅风脉，来确定此宅基是否适宜建房。岛上人家选择宅基地时，除了风水之外，还要考虑其他因素，如风口、朝向、上下路道和山溪的流向等。朝向不能是正南和正东，以防台风时暴风骤雨入侵。宅基地须面对港湾和岙口，便于主人观察海上动静和船只动向。

选地相宅后，主人家要用三牲福礼、四色水果和大红蜡烛祭祀宅基主人的祖宗或当地土地神，并宴请和酬谢风水先生等。

接下来便是破土动工。首先，破土的日子，要拣吉日良辰，并择吉时良辰。渔家人的吉时，为潮水上涨的时刻，因为潮涨意味财源涨、福禄升，鱼从远方向近岸游来，是鱼丰人富的吉象，此时破土定为大吉大利。破土前要在地角祭拜土地爷和四方鬼谷神，要用朱漆大红木盘以及丰盛祭品祭祀他们。祭祀毕，由主人执三炷清香和酒壶领头，后跟施工的泥水匠和木匠，手拿锄头和土筐，按造屋的宅基轴线边锄边进，从而划出宅基的界线和范围。然后，在屋前屋后都要插旗，以抢占风水，一般插的都是渔船上的旗，有红旗、蓝旗、黄旗，但不能插白旗和黑旗。样式上也多种多样，有方形旗、三角旗、令字旗，还有鳌鱼旗、龙凤旗等，五彩缤纷，煞是壮观。也有盖上观音和龙王庙大印的佛祖旗和龙王旗，更具神圣隆重的象征和镇邪趋吉的功能。再接下去就是掘土开槽，因地槽较深，土质较松，需放大片石填底，用土夯夯实，俗称"开掘排夯"。开掘排夯后，在底石上再筑一排方形的块石，俗称"理石"，使宅基平衡方正，成为一块完整的宅基。按照旧俗，此时在地基四角要放定界石，上刻"×姓墙界"或"泰山石敢当"字样。俗话说："造屋百年，全靠地基。"渔民习惯把康熙铜钱或描有金龙图案和乾隆通宝字样的铜板作为奠基物，放在四角基石下，以镇邪求运。地基稳则屋牢固，地基松动则屋倾倒，从古至今造屋的主人对此都把关很严，并有周到的习俗仪礼。

在海岛，还有一道独有的奠基习俗，这就是"先挖坑，后造屋"。即在屋宅内挖一个大坑，把预先做好的大木桶放入坑内，作为渔民的室内地下腌鱼仓库；再在上面盖上木板，俗称"落地桶"，这是由于海岛鱼多、地窄、屋小的特殊环境所形成的。

上梁

在东海渔民的建房仪礼中，最具特色的还是上梁（图1-9）。奠基完工后，接着是择日立栋，继而是竖窗架和门框以及砌墙。渔家民居的墙下半截是石块，上半截是砖头，窗有木窗、石窗之分。但是，这些程序都是技术性操作，唯有上梁，更具礼仪色彩。上梁那天，屋主人要祭天地神祇，办竖屋酒，并要向木工师傅分双份利市红包。上梁时，木工师傅唱着上梁歌踏梯而上。到了梁上还要醮梁、抛上梁馒头、贴八卦图案、抛子孙袋等，程式繁杂。

图1-9 海岛建房中的上梁

上梁歌是渔村木工进行上梁仪式时所唱的歌谣，大致有几个阶段。首先是布彩龙歌，歌词云"红绸缎挂成双，押稳楠木紫金梁。仙鹤神鹿群起舞，金龙玉凤祝安康"等。此时，木工把房东准备的红布或"福"字横幅安置在明间的脊檩中间，俗称"布彩"。接着是上梁，即把一根根桁条安装到梁架上去，并在安梁时用酒浇梁，俗称"醮梁"。此时也要唱歌，如"上有凤凰筑巢，下有青龙盘根"。接下去即为明间脊檩到位，上梁的礼仪进入高潮。木工师傅头顶糕盘，顺着梯子边上边唱："脚踩聚宝凤凰地，身踏招财紫金梯，龙飞凤舞鹤来朝，龙母娘娘把手招。"到了梁顶上，木工开始往下抛上梁馒头。此时，下面围观的街邻边抢馒头边唱歌，"龙女接宝兆吉祥，屋主含笑喜气扬，上梁喜逢黄道日，宅安人美有福享"。歌唱完了，上梁的仪式也就结束了。渔村上梁歌的内容主要体现了渔民对龙宅主人的祝福和对海龙王的膜拜，渗透着浓浓的海洋文化。当然，浙东各地上梁歌的内容不完全一样，但其寓意大致相同。

上梁之日，主人家要置办上梁酒，俗呼"竖屋酒"。因上梁必先立柱，立柱后新宅主体也就树立起来，所以叫"竖屋酒"。竖屋酒主要用来招待泥水匠、木匠、石匠、帮工及亲戚朋友。酒宴上以石匠为尊，几经礼让后石匠会被请坐在上横头即主宾席。东家则身穿新衣或整洁衣服，热情地为作头师傅斟酒示敬示谢，并向诸工匠及亲友让酒菜。上梁这一天，第一根屋柱上，第一道门框、窗框上，都要贴上写有祈求"和顺、太平、丰收、长寿"等吉语的大红对联，并燃放爆竹。

进屋

迁居，是东海渔民建房习俗中的最后一道隆重仪式，俗称"乔迁之喜"，又称"进屋"。

迁居须择吉日。旧屋搬迁时先迁祖宗香火，后祭祖。家具搬毕后打扫旧宅，要将地面垃圾用畚斗盛着，搬进新屋中去，俗称"不遗财"。同时，把火瓮生旺，搬进新居，象征新宅"哄哄响"（宁波方言"哄哄响"寓意红火），十分喜庆。

按照惯例，进新屋时先要祭太平菩萨，后祭灶神爷和祖宗，还要启用新灶，炒蚕豆，发出炮仗般的声响，以示吉兆。温州洞头还有煮红汤圆分送邻友的习俗，企望团结和睦。很多地方还要大摆宴席，请亲戚好友们喝进屋酒。

渔民的其他居住习俗

东海渔民还有一些其他的居住习俗，如屋的装饰。渔民崇拜龙的文化，讲究"金龙盘新屋，财富不外流"，所以在其居所里尤其是新屋，不论是窗上、梁上还是屋柱的浮雕，一般都有龙的图案。

再如租屋。海岛人一般自家都有屋，但有时也免不了要租借别人的房子。这又有两种情况：一种是一次性出巨款，他日到期时归还租屋，俗称"典屋"，实质上是以息抵租，到期还本金。另一种是按月或年付租金，称"租屋"。两者均有契约为凭。

还有就是分屋。兄弟分家，舅父为大，长子为先。由舅父作主，把祖传的房屋分给下一代。若有争执，舅父说了算，俗称"娘舅大石头"。分屋后要书写分屋契，还要办分屋米饭，宴请亲友。此时，媳妇的娘家要挑分屋馒头和碗、锅等炊具、餐具，资助女婿另起炉灶。

交通民俗

随着商品流通、贸易往来、人际交往的频繁，交通运输工具应运而生，东海渔民在长期的传承中便形成了他们独特的交通民俗。与陆上交通工具的车、马一样，船是海岛人与外界沟通、交流、联系的重要工具，也是海上捕捞、运输、贸易的唯一载体。

1973年，考古人员在宁波河姆渡出土文物中发现了六支船桨、两只陶舟和一条独木舟遗骸，这些足以证明远在几千年前的河姆渡人不仅已能制作独木舟，而且能使用、驾驶独木舟远涉重洋，到达舟山等外海岛屿，进行海上捕捞和海贝采集活动。这一造船习俗经历了相当长的历史时期，直至今日，海岛人依旧把船当作他们的"命根子"。海岛造船，一是注重坚固耐用，二是讲究美观，三是祈求平安和吉利。造船的程序和礼仪大致也可分为三个阶段。

一是造船前的准备，包括相面、选料、请大木师傅等。相面是指准备造船的船主在造船前要请看相算八卦的阴阳先生给他看面相，以决定他宜不宜造船生财。选料有特定的象征意义，作船的龙骨均需优质有异香的樟木或檀木，用此雕刻木龙的龙身，才可不玷污龙体。制造大小木质渔船，须请当地精于此道的木匠师傅。旧时称那些做家具的木匠为"小木师傅"，称造船、造房子的木匠为"大木师傅"。大木师傅就是岛上著名的造船师傅。阴阳先生将他的生辰八字与船主的生辰八字排一下，若两者相顺相合，造船师傅就可以为该船主造船，反之则不行。接下来是定工场、拣日子等。

二是造船的全过程。造船过程中有六大庆典，即开工取料造船底、上梁头、上大肋、上斗筋、安船灵和置船眼等。俗话说："造屋打地基，造船先造底。"造船开工那一天，工场搭起漫天帐篷，周围插上小红旗，敲锣打鼓，鸣放鞭炮，并朝东南海港搭起八仙桌，举行庆典活动。安船灵这个环节很重要，船灵的象征物可以是铜板、银圆等物，也可以是妇女的头发或小手帕等，这是因为前者能镇邪避灾，后者充满灵气也有避邪作用。置船眼（图1-10）是新船接近竣工时的最后一道工序，东海诸岛渔民特别重视这道工序，因为他们视船为木龙，船眼即为龙眼。渔民把渔船看成自己的伙伴，是自己赖以生存的依靠，因此，渔民对它爱护备至，并赋予它灵性。过去的每条木制渔船都会做一对凸出的鱼眼。新船造好后，只画眼不画睛。也就是边上是大大的黑眼圈，中间是白

图1-10　新船置船眼

色的一个大圈。现在到渔港，还可看到一些木质渔船的船首两侧，安有一对黑白分明的船眼睛。

在舟山群岛，造船的大木师傅要用乌龙木精制一对船的眼睛，钉在船头的两侧，这叫"定彩"。师傅将代表金、木、水、火、土五行的五色丝线扎在作船眼珠的银钉上，由船主将它嵌钉在船头，然后用簇新的红布或红纸把它蒙住，俗称"封眼"。当新船下水时，船主在鞭炮声中再将红纸揭掉，这叫"启眼"。而台州玉环、温州洞头的习俗与舟山又有些区别。在洞头，钉船眼一定要在涨潮时，挂彩上钉的不是一块红布，而是红、黄、蓝的三色布。在玉环有洗船眼的习俗，当新船出海之时，船上要烧一锅沸水，内置一银圆，俗称"银汤"。用银汤水洗浇船目，能使船眼更加清晰明亮，俗称"开船眼"。渔民们认为：渔船有了眼睛，能辨识方向追捕鱼群，确保生产平安，而且船眼睛还使船的外观显得更加漂亮、耐看。这一点对长年以船为家的渔民来说，也是很重要的。

三是新船造好至出海前的礼仪习俗，包括揭目竣工、下海抛舱、办酒庆贺、盘龙燀红、烘灯纳吉、请神人船、祭船出海等步骤。其中下海抛舱指大木师傅在指挥抬船的过程中一边吆喝，一边不断向各船舱抛洒钱币，寓意金银元宝满船装。在舟山群岛和浙南诸岛抛的是馒头，馒头的个头要比平常的馒头大一倍，中间盖上一个"福"字红印，馅是猪油、豆沙、白糖。猪油，象征着富裕，富得流油；豆沙，寓意头头顺利，有头有尾；白糖，寓意日后生活的甜蜜。抛馒头要往船舱中抛，更要往围观的人群中抛，抛得越多、越远、越高越好。盘龙燀红也很有特色，即在新船出海前，由船主或船员握着火烧的早稻或竹把，在船前船后、船左船右烘燀一遍，以祈求船的兴旺和吉祥。

以上是造船的一般程序和礼仪。值得一提的是，在浙江奉化海边，造船的木材主要有槠树、香樟树、檫树、柏树、金松树等。槠树用于船底的龙骨；香樟树用于底梁、桅柱和船体的肋骨；檫树则用于船板，它生长迅速，民间向有"廿年杉树一根椽，廿年檫树好打船"的说法；柏树木质坚韧，用于船突出的腰沿部位，经得起碰撞，渔民称之为"玉肋"；金松树挺拔通直，用于制作船桅。这些木材大多采伐自奉化连山。新船造好后，还需捻船缝、筑漏、油漆后方可下水使用。捻船缝是用麻筋、桐油和石灰调合成腻子，仔细填平船体内外的所有大小缝隙，使之滴水不漏，再将船通体油漆一新，才是大功告成。

新船下水是一件大事，主人会提早请精于此道的算命先生拣一个大吉大利的日子，或农历初一、初二，或农历十五、十六，这些都是大潮汛的日子，便于新船下水。此外，还要保证船主的属相不与日神相冲相克，以避免意外事故。下水那天，主人早早起来就去请菩萨，然后燃放爆竹，招来半村子的人去海边围观。妇女、儿童站在一边起哄叫好，年轻力壮的男人则帮主人推新船下水。有人站在船头上领喊推船号，有人从新船上往船边人堆里抛扔馒头和糖果，推船者则在"哎哟——哎哟"的号子声中齐心协力，将新船缓缓地推进大海。

第二章 海洋生产商贸民俗

生产民俗

海洋捕捞是海岛生产的主体和主产业。为此，以海洋捕捞为中心而形成的习俗就成为东海海洋的主要生产民俗。捕捞习俗包括海上捕捞的海区、时间、地点、工具和作业方式习俗；鱼类捕获上船后，如何进行分类、加工、海上销售等行为习俗；还有渔汛开捕前的备汛习俗等。总之，凡是与鱼的捕捞有关，从汛前准备、下网捕鱼到鲜鱼储藏销售等一整套生产过程相关所产生的众多习俗，统称为渔业捕捞习俗。

在东海诸岛，为了迎接渔汛的到来，各地都要进行一些紧张而忙碌的准备工作，俗称"备汛"。以舟山为例，每年都有两次备汛季节。一次是冬汛结束后春季小黄鱼汛开始之前，俗称"备春"；另一次是阴历六月廿三谢洋节后到冬季带鱼汛开始之前，俗称"备冬"。备汛内容包括渔具的准备和人员的约定。渔具主要指渔船和渔网，渔老大需根据具体情况进行造船、修船、租船或买船、对渔网进行修补、编织等工作。人员的约定主要涉及职责关系和经济关系，前者就是确定船上的老大、副老大、一般船员的职责，后者是对所捕获的鱼类的经济分配方式的确定。在这里，不得不提一下船老大的职责，"军令不如讨海令"这句话在海岛渔村普遍流传。在船上，船老大就是指挥员，海上行船，随时要观察风力和风向的变化，如遇风向变化，就要及时调整操舵姿势和帆绳距离；如遇风力变化，就要及时上升或下降船帆。因此，下海人员有这样的比喻："添帆令如微风拂面，降帆令如冷风扑面。"说的是船在海上遇大风，船老大下令降帆，这是急令，不管是白天或黑夜，船员行动都要迅速，来不得半点马虎，否则就会出危险。值得一提的是，这些分配方式都是汛前口头约定，并无任何契约和凭证，但也未曾听说发生重大的纠纷和口角，从中可见海岛人重信义的品格。

捕捞作业习俗的种类

汛前准备一切就绪，一旦渔汛到来，渔民们就可以扬帆远航了。东南沿海原始先民的采捕方法有拦、困、围、钓等多种渔法。当然，捕捞作业的多样性也是由海洋鱼类的多样性决定的，因为海洋鱼类有上层鱼、中层鱼和下层鱼之分，各种鱼类各有各的特性，它们的渔场、产卵地和洄游规律都各不相同。在明清时期，捕捞习俗中有张网、对网、拖网、围网、钓捕、笼捕等多种作业形式，并广泛流传，成为海洋生产习俗中的主要作业方式（图2-1）。

图2-1 老渔民们在海上捕捞

张网习俗在东海诸岛历史悠久，最早起源于南宋，这是一种被动性的定置作业。因为张网的渔网敷设在鱼蟹较为密集的水域，或是洄游的通道上，它是依靠潮流冲击原理驱鱼蟹入网，从而达到捕捞的目的。按张网作业的工具分类，有打桩张网、抛碇张网和船张网三大类。其中，渔船打桩习俗是渔业生产习俗中比较讲究的部分。打桩，是在船上用一根长杆子把桩压入海底，用来固定海上捕捞渔具的一个生产环节。渔民管桩叫"筐筒"，把长杆子叫"斗"，把连接头上的拉绳叫"龙须"。在选定渔场后就搭斗，搭斗完毕后，准备出海打桩。

对网作业是两船并对、共拉一网的生产作业方式。根据所使用的渔船和网具的规格大小不一，可分为大对、小对、中对、背对、机对等作业形式。以大对为例，一是船宽大，二是船结对，因此有"大对"之名。而小对则船体较小，行动灵活，这是小对作业的优越之处。因此舟山当地有"呆大捕，死张网，活络要算小对郎"的说法。

拖网（图2-2）是用渔船拖拉网具，驱赶捕捞对象的一种作业方式。按渔船分有单船、对船两种，按捕捞对象分类有大拖风、机轮拖、虾拖和墨鱼拖四种。大拖风又称"海扫帚"，作业网眼细，网具沿海底拖扫，大小鱼均进网，容易杀

图2-2　拖网的作业方式

伤幼鱼。机轮拖的作业方式与大拖风相似。温州洞头渔场盛产各种鱼虾，不过，以前由于生产工具极为落后，讨海人只能用小舢板在近海生产，生产方式主要有定置张网和拖墨鱼两种。定置张网的海货只是小鱼小虾，不值钱；而墨鱼却是珍贵鱼类，很值钱。所以春天一到，讨海人和农民都要下海拖墨鱼。因此，海岛的先人发明了一种捕捉墨鱼的生产工具，叫作"墨鱼拖"。

围网作业（图2-3）是用围网捕捞集群鱼类的一种作业方式，在东海渔场上历史十分悠久。早期的渔民在捕捞石首鱼时常常用循声围捕的方法，即渔老大耳贴舱板，谛听海中鱼儿鸣叫声，根据叫声的强弱来判断鱼群和下

图2-3　围网的作业方式

网尺寸的大小，这就是原始的鱼群侦察活动——听鱼。嵊泗列岛渔民自古就有"听"黄鱼的传统，他们积累了丰富的捕捞黄鱼的经验，通过听辨黄鱼的不同叫声就能准确判断出鱼群的位置、鱼群的大小，从而科学指导捕捞作业。现今的围网作业主要是指用光诱围网，这是一种新兴的作业方式，以灯光诱捕为主，俗称"灯围"。围网作业一般以28—34人为一组，主要步骤有诱鱼、送鱼、集鱼、放网等。诱鱼以黄昏和拂晓时间最好，侦察到鱼群后采用"三角形布位，梯形布灯，漂流光诱"

法诱鱼；约半小时后，网船用测鱼仪探测鱼群，灯船缓慢靠拢主灯艇，并灯送鱼；接着，主灯艇收拢水下灯，逐盏关熄，留水下灯1～2盏，水上灯1盏，使鱼群向灯光集中；最后，网船抛网头浮标，快速顺时针方向放网，再逐渐缩小围网圈。取鱼时，水上和水下的灯均不熄灭，直至取鱼完毕。整个灯围作业的过程大致如此。

钓捕作业是利用鱼蟹的贪食性，以饵诱其上钩从而达到捕捞目的的一种作业方式，也是海洋捕捞中最古老的一种作业方式。钓捕作业按钓场可分为岩礁钓、海滩钓、堤坝钓和船钓四种；按钓具结构及作业习俗分，大致有竿钓、手钓和延绳钓（图2-4）三大类。竿钓是一种最古老、最简单的钓捕方法，

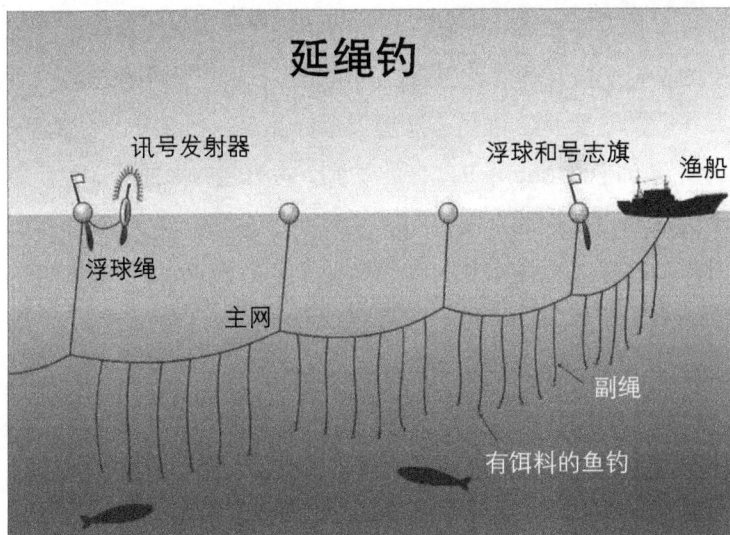

延绳钓

讯号发射器　　　　　浮球和号志旗　　　渔船

浮球绳

主网

副绳

有饵料的鱼钓

图2-4　延绳钓的作业方式

单人操作，个体作业，规模不大，海岛渔民一般仅把它作为副业。手钓是一种单钩钓捕的作业方式。延绳钓则是一绳多钩的捕捞作业方式，大致分为预备、放钓、收钓、理钓等几个步骤。东海渔场以带鱼延绳钓为钓捕作业的主要方式，重点地区为浙南玉环县和洞头县。

从上述几种主要捕捞作业习俗中我们可以看到，捕捞习俗植根于捕捞对象和捕捞作业方式中，随着海洋鱼类、作业工具、作业方式的变化而变化，捕捞习俗的留存是海岛文明的活化石，它体现了海岛人的聪明与智慧。

浙江宁波的奉化背山面海，地势由西南向东北倾斜，境内有鲒埼、莼湖、桐照、杨村、松岙等五个乡镇濒临象山港，渔业成了整个奉化农业经济的半壁江山。

奉化海洋捕捞历史悠久，桐照、栖凤、洪溪早在宋代就已成为渔村。海洋捕捞的主要工具就是船，旧时用于象山港内近海作业的主要是竹排和上洋船。上洋船是一种木质小型渔船，载重约五吨。元末明初，有了载重十六七吨的大捕船，捕捞范围也从象山港扩展至岱衢洋、大戢洋等海域。到了民国时期，海洋捕捞除了上洋船和大捕船作业，还有流网、排溜、大钓、小钓等传统作业，捕捞形式可谓"八仙过海，各显神通"。除了海洋捕捞，滩涂捕捞和养殖也是奉化海洋渔业的重要内容。如此丰富的奉化渔业生产形式，自然而然地衍生了独具特色的奉化渔业生产习俗。

其他相关生产作业习俗

开船行船习俗

新船在第一次出海前要进行盛大的海祭，这里不特别赘述。但在每次开船前有些习俗是必不可少的，如出海吹螺号习俗。因为出海是集体行为，开船时老大要发出信号，召集渔民迅速集队下船。这个信号在古代是螺号，后来吹竹筒，现在用汽笛代替了。在行船中也有相应的习俗，运输船要礼让捕鱼船，大对船要礼让小对船。如果渔船被迫抛锚，船后梢则必须要亮出桅灯，出示暂潮信号，以防被夜行船碰撞而损坏。

下网、起网习俗

到达渔场的渔船下网时要让位于先到船只，航行船要让位于坐港船。起网时一般要唱拉网号子，这样作业才能步调一致。传统的号子是"一拉金，二拉银，三拉一只聚宝盆，辛苦不负捕鱼人"，充分表达了渔民对丰收的企盼与希望。

海上遇险、抢险习俗

当渔船遇险时，就在船头显眼处倒插一把扫帚，然后在桅顶挂起破衣。若是晚上则点起火把，或敲打面盆、铁锅，以引起周围渔船的注意。抢险时，先抛缆救人上船，后带缆拖船。随着海上通信设备的日益现代化，这种古老的习俗也渐渐消失，取而代之的是无线电联系方式。

海水养殖习俗

旧时宁波奉化沿海的海水养殖品种仅限于蛏子、牡蛎和蚶

子（图 2 - 5）。养
蛏需筑塘蓄水，蛏
苗采自沿海滩涂，
随采随放，任幼蛏
在塘内自由采食，
无须人工投饵饲
喂。蛏子的生长成
熟期则需根据蛏苗

图2-5　海水养殖基地

的大小而定，短则数月，长则逾年。到了采捕的日子，等到潮
水退去，即可入塘捡摸，采大留小，可多次采捕，直至采完，
再清塘放养。农历清明时节的蛏子最肥，肉质也最鲜美。旧时
奉化清明祭祖，年底做年夜羹饭，蛏子是必备的祭品。奉化土
音"蛏"与"亲"同，供先灵用蛏子，即亲子之意。蛏子适于
烧汤，也可加入笋丝、芹菜等烹炒，还可将去壳的蛏肉加工
成蛏干。

　　旧时牡蛎均采用抛石法养殖，由于潮水带不走石头，所以
养殖牡蛎无须筑塘蓄水，任潮起潮落，地表时干时湿，这样正
好符合牡蛎的生活习性。牡蛎吸附在石头上，只要有海水，就
会生长。牡蛎的生长周期较长，自放养至采获需三个年头。每
年冬春是牡蛎的采收季节，待到潮水退去，蛎石裸露，采蛎人
就带着蛎黄刀、小木桶等工具下海，围着大小石头团团转，看
到个体大的牡蛎就用蛎黄刀凿开蛎壳，然后挖出蛎肉，一个个
放入小木桶中。远远看去，颇像一群男女石匠在搞雕刻。趁着
潮水未涨，采蛎人必须趁早返回，否则就有被潮水围困的危

险。牡蛎鲜味独特，当地人习惯生用牡蛎蘸酱油下酒下饭，但牡蛎更适于烧汤做酱，如蛎黄咸菜汤、蛎黄菠菜酱等。

奉化沿海大片养殖奉蚶的历史已长达700多年，元《四明续志》载："有芽蚶，壳棱细布，肉肥，多出鲒埼，冬月有之。亦采苗种之海涂，谓之蚶田。"主产奉蚶的鲒崎、莼湖、桐照等地的海边滩涂，始终采用传统的筑塘蓄水法养殖。奉蚶的生长成熟期特别长，放养三年始能起捕应市。蚶苗多来自山东文登、荣城、乳山一带，浙江省内乐清、玉环等地也有少量供应。奉蚶的养殖跟蛏子的养殖基本相同，采捕时间都集中在冬季，以农历小寒至大寒期间采捕的品质最优。奉蚶曾为贡品，普通平民百姓自然将其奉为珍品，历来用作招待贵宾、上客的佳肴。根据奉化当地中医的说法，奉蚶多血，可以补血，因此当地多将其列为产妇的滋补品。

商贸民俗

浙江沿海渔民从大海中捕获了大量鱼虾蟹贝后，除了少量留给自己和家人食用外，大部分则通过海鲜加工和保鲜储藏技术进行流通和买卖，传统的商贸习俗由此产生。

目前，浙东捕捞和养殖的海鲜品种很多，以象山县的统计为例，就有440余种鱼类，80余种蟹虾类，100余种贝类，主要有：

鱼类——大黄鱼、小黄鱼、梅童鱼、黄姑鱼、米鱼、鲳鱼、马鲛鱼、鳓鱼、龙头鱼、石斑鱼、鲈鱼、凤尾鱼、弹涂鱼、鳗鱼、鲻鱼、带鱼、黄鲫、泥鱼、泽鱼、河豚、青占鱼、海蛤蟆、箸鳎、沙丁鱼、铜盆鱼等；

蟹虾类——对虾、白虾、毛虾、虾蛄、小龙虾、梭子蟹、青蟹、红钳蟹等；

软体及贝类——蛏子、毛蚶、牡蛎、蛤蜊、沙蛤、泥螺、海螺、玉螺、割香螺、辣螺、芝麻螺、螺蛳、海瓜子、贻贝、扇贝、鲍鱼、鲎、佛手、墨鱼、章鱼、章干、鱿鱼、望潮等；

海藻类及其他——海带、紫菜、苔菜、海葵、海参、海蜇等。

海鲜贵在"鲜"，活海鲜自然是最鲜的了，比如从象山港或舟山近海抓捕上来的小海鲜尤显鲜美（图2-6）。而从外洋捕来的鱼类，如果捕捞时间短，可直接用海水保鲜，但由于现在

图2-6 刚捕捞上来的海鲜

每次出海捕捞时间较长，无法保证鱼类回岸时还能存活，所以一般就直接在船上采取冷藏方式处理。鱼类刚捕捞上船，会立即按品种、等级、质量分类，传统方法是以冰块保鲜，放置在舱内，控制吸鱼泵的风量和排水系统。现在多用保温鱼箱盛装，一层碎冰一层鱼，箱底有滤水系统，上面再盖上篷布，尽量保持鱼体完好无损，不受外力碰击、触摸，不受污水侵蚀，

按照这种技术处理后的海鲜可保证鲜度数日不变，足以跟活海鲜媲美，也足够等到上岸后卖个好价钱。而岸上冷冻处理往往是将鱼类简单处理下，放置于冷库或冰柜，但过冷的温度会使鱼体变硬，时间一长会变味。现在也有将鱼类去掉鱼肠等易腐内脏，处理干净，用保鲜膜或密封袋封好再冷冻的方法，这种冷冻技术可使海鲜保存数月，但鲜味终究有所损失。

如果说冷冻海鲜是半处理品的话，那干海鲜或海鲜干货则是完全将海鲜品采用剖晒、切片、烘干等方式制作成成品，放于全密封袋里，贮存时间更长（图2-7）。现在，鱿鱼丝、鱼片、虾干、紫菜片、海苔片等可随身携带、拆封即食的海产食品风行市场。

图2-7　渔民晒鱼

象山港、岱衢洋、大戢洋等辽阔海域是象山、奉化渔民的传统渔场，盛产大黄鱼、带鱼、鲳鱼、海鳗、墨鱼等海产品。在运输不便又没有制冷制冰设备的漫长岁月里，腌渍或者风干就成了储藏各种海产品的重要手段。不同海产品有不同的加工方法，渐渐自成体系，最终形成了一种独立于其他农业项目的生产习俗。

黄鱼鲞　新鲜黄鱼不洗涤不刮鳞，用刀从臀鳍和肛门处切入开口，沿着背鳍紧贴脊骨向头部平剖，直切至上颚，使鱼体充分敞开挺直，然后除去内脏，剔去血筋。接着就是腌渍，在鱼体各处均匀撒盐，胸鳍处用盐粒填实。用于腌鱼的是一只大木桶，先在桶底铺一层盐，然后将经过处理的黄鱼逐条平铺于桶内，鱼头朝壁，鱼尾朝中心，肉面向上，依次排叠成环形，铺一层鱼撒一层盐，最上面两层必须鱼骨朝上，最后用盐封顶。过了一天或者一夜以后，再铺上竹片或者木板条，上面加压石块。大约三天以后，如果肉面呈淡黄色表示用盐适当；呈青黄色表示用盐过量；呈红色则表示用盐不足，必须加盐重腌一两天。腌好的鱼出桶要沥干卤水，然后再用清水洗涤脱盐褪淡，再沥干水分后就能出晒了。将鱼肉面向上平摊于竹帘或者草苫上，晒几个小时后翻晒一遍，几小时后再翻晒一遍；如果阳光强烈，就必须掀起鱼的腮干，以防止发油。晒上两三天后，待到鱼已经七成干，就把鱼放在屋内罨蒸一天，然后再晒三四天就成了黄鱼鲞。黄鱼鲞体表发白，当地俗称"白鲞"或"咸大白"。黄鱼鲞可烧肉，也可单独蒸煮（图2－8）。黄鱼鲞的头尾多用于烧煮白鲞汤，鲜味独特，最宜下饭，因此沿海一带有"铜锅米饭白鲞汤"一说，比喻饭菜的美味可口。

图2－8　美味的黄鱼鲞

墨鱼干　墨鱼干的加工过程可分剖割、清洗、干燥、整形和罨蒸发花这几个步骤。先将墨鱼沿腹部正中剖开，然后再切开头部，整体上保持左右对称。然后刺破眼球流放眼液，再从尾部起摘除内脏，注意不能割破墨囊。一般先摘除墨囊，再撕去内脏及附在肌肉上的薄膜。洗净沥干后，平铺在竹帘上，置阳光下晒干；先晒背，再将两侧平铺摊开，整齐排列，晒约两三个小时后翻转一次，连晒三天，多次翻转，用手将墨鱼的肉腕和颈部多次拉伸使其平展。晒至约七成干时，肉质开始变硬，就用木槌斜向外捶打，腹背部都要捶打。墨鱼干经两次捶打后已经平整，趁热放置于箩筐内，用稻草、麻袋等物密封包裹并加压，放置室内三五天进行罨蒸，之后再取出晒两三个小时。罨蒸的目的是使墨鱼内部的水分均匀扩散，使表面发花，呈现一层白粉的状态。经过罨蒸和发花的墨鱼干带有一种独特的香味，也更加美观。墨鱼鲞烤肉是当地产妇的一道滋补佳肴。

鳗鲞 先用清水将新鲜海鳗洗涤干净，除去表皮黏液，然后平放在板台上，将鱼尾固定在尖钉上，用刀从尾部起沿脊骨一直剖切至头部，一侧带脊骨，另一侧无脊骨，平展摊开。从肛门肠管开始，将内脏向头部方向连同鱼鳃一起拉出。再用刀尖剔除脊骨血筋，用洁净拧干的抹布将腹腔内残留血污物擦拭干净，用竹片撑开剖面，以绳索穿缚头部，然后将其悬挂在通风处晾干，避免日光直晒。由于鳗鲞主要依靠风吹晾干，所以又名风鳗鲞。制作鳗鲞的最佳时间是冬季，尤其是冬季有风无阳光的日子，最能保证鳗鲞的质量。风干鳗的优点是水分慢慢蒸发，不使鱼体脂肪溢出，否则就会因发黄油而失去原有风味。鳗鲞可烧肉，可单独切段蒸煮，也可烧汤，都是下酒下饭的美味佳肴。

咸鳓鱼 咸鳓鱼又名酶香鳓鱼，其加工程序相对简单。将整条新鲜鳓鱼洗去表面黏液，无须刮鳞，也无须剖肚去内脏。用盐时，左手握鱼，鱼头朝上，鱼腹向内，用拇指掀开鳃盖，右手撮盐塞入鳃孔，再用小木棒将盐从上至下捅塞至鱼腹，重复数次，以鱼腹基本塞饱为止。再在两鳃和表体两侧敷盐，然后入桶腌渍。桶底先撒一层薄盐，将鱼头朝向桶壁，背向下，腹朝上，一层鱼一层盐，整齐叠码于桶中。咸鳓鱼需经发酵，发酵时间根据气温略有差异，一般在两天左右。咸鳓鱼在发酵期间不需压石，发酵过后即需加石重压，使卤水溢出，以完全浸没鱼体为度，并加盖，这样再腌制六七天即成，这是单曝鳓鱼。如果要滋味更好、更香，则须把腌过一次的咸鳓鱼拿出木桶，重新排叠一次或两次。好的咸鳓鱼鱼体完整、鳞片齐全、体色青白有光泽。咸鳓鱼适于蒸食，咸鳓鱼炖蛋是奉化的一道传统名菜。腌制咸鳓鱼所产生的鳓鱼卤也是好东西，煮开后滤去杂质，即成酱酒的替代品，其鲜味远在酱油之上。

海蜇 新鲜海蜇的含水量高达90％以上。海蜇汛期正值炎夏，不及时加工极易腐烂，因此捕获后必须立即处理。首先用竹片刀将海蜇头割下，头体分离，以免头部的血污染蜇皮，再刮去血皮和背上的白色黏液。接下来就是加矾了，蜇头、蜇皮必须分开处理。将洗净的海蜇浸入矾水中不时翻动，约半天后取出，叠放箩筐内沥水半天，再取出投入矾水内搅动，再沥干。以上过程即为头矾。矾水的配比根据数量而定，一般每百斤海蜇用盐十斤，加矾三两，再加适量海水。接下来就是二矾了，将沥干的海蜇投入桶内，先矾后盐，层层撒加矾盐，随时挤压出卤水，加速海蜇脱水进程，再加石重压七天后取出沥干，即成二矾海蜇，俗称"卤货"。根据二矾后海蜇的重量，重新配制盐矾，将盐矾均匀地敷于海蜇表面，然后依次叠放桶中，顶部撒盐加工，置于阴凉处，再经三五天后即成三矾海蜇。在整个三矾过程中，蜇头和蜇皮都是分开处理的，一则因为蜇头血污多，混在一起会污染蜇皮；二则因为蜇皮是片状，蜇头是块状，混在一起不易加工。

蟹酱 制作蟹酱原料一般为梭子蟹，即当地俗称的白蟹。制作期以8—10月为主，加工方法比较简单。将洗净的鲜蟹置于木桶或石臼中，用木棍或石捣子将其细细捣碎，捣得愈碎愈好。然后加入适量食盐，一次性倒入木桶，与蟹酱均匀搅拌，再置于腌缸中腌制发酵。之后每天用竹耙或木耙搅拌一次，使下沉缸底的食盐与蟹酱均匀搅拌，否则蟹酱很容易变成黑色。搅拌十天以上，即为成熟的蟹酱；如天热，来不及食用或出售，则须继续搅拌，直至天气转凉才能停止，否则极易转色变质。蟹酱在整个腌制和贮藏过程中，不能加盖和出晒，以使蟹酱始终保持悦目的红黄色。

以上是浙江沿海渔民对各种海鲜的处理与保存方法，腌渍和风干是储藏各种海产品的重要手段。沿海渔民用自己的智慧原汁原味地保存了东海海味，也为海鲜的进一步流通与买卖创造了便利条件。

第三章 海洋人生仪礼民俗

人生仪礼是指在人一生中几个重要阶段所举行的仪式，主要包括诞生礼、成年礼、婚礼、葬礼等。人生仪礼既是社会物质生活的反映，也表现了一个民族的心理状态。人生仪礼往往与民俗有着极大的关联，仪式所包含的社会特征与信仰特征交织在一起，形成复杂多样的民俗结构，这种情况在我国的人生仪礼习俗中表现得十分突出。

东海渔民的人生仪礼民俗也不例外，主要包括寿诞仪礼、婚姻仪礼、丧葬仪礼等。东海渔民的人生仪礼民俗活动是海岛的重要民俗事象，海岛人之所以重视人生仪礼，是因为生育、家庭以及海岛宗族等社会制度对海岛人进行了地位规定和角色认可，同时也用一定的文化规范对海岛人进行了人格塑造。

寿诞仪礼民俗

寿诞仪礼是人生仪礼的重要组成部分。"不孝有三，无后为大"，在中国人的传统生命观中，传宗接代是最重要的，民间十分讲究多子多福。在这种观念的影响下，中国人在诞生及寿辰方面创造了许多与众不同的习俗。

诞生礼俗

诞生礼俗伴随于整个生命孕育和生产的最初阶段，包括生命孕育的祈求仪式、孕育期的习俗和禁忌以及诞生后的庆典习俗等内容。东海渔民诞生礼俗的程序大致包括求子、孕期习俗和诞生庆典三个阶段。海岛人的诞生礼仪既有与内陆相似重合的一面，又有其独特的表现方式和内容。

先说说求子习俗。在海岛，未孕者要求子，已孕者也要求子。海岛这种"求男不求女"的生育观比内陆要更为保守，究其原因主要有三点：一是海岛环境险恶，渔民生命朝不保夕，需有男子来支撑门户；二是传统观念对海岛妇女有着严格的禁忌，认为妇女不能下海，因此男孩成为主要出海劳动力；三是与内陆的传统宗族观念相似，认为生子可以"繁衍子嗣，光宗耀祖"。正是出于这些原因，海岛人要千方百计地去求子，求子的方式主要有两种。一种是祈神求子，就是去海岛的"送子娘娘"或"送子观音"庙祭神祈祷，求神的恩赐，天降麟子。嵊泗东部海域的小岛上有个"送子娘娘"庙（图3-1），相传求子有求必应，必得男孩，十分灵验，岛民们因此把它叫作"求子岛"。另一种是民间

图3-1　送子娘娘

流传的俗信。正月十五闹龙灯时，海岛上盛行钻龙门、摸龙须的习俗，以此祈求海龙王送子。在浙江南部温岭的石塘渔村也流行着一个求子习俗，未孕妇女系上婆仔鱼形状的贴身肚兜以祈求得子，因为婆仔鱼是怀孕的大肚子鱼，肚内多子，妇女和其贴身接触，以求怀孕。

再说说孕期习俗。海岛妇女怀孕俗称"有喜"，丈夫和公婆循旧俗要去宫庙里供祭龙王，求龙王保佑产妇平安产下"龙子"。孕妇在怀孕期间要多吃一些鸡鸭鱼肉、蔬菜、水果等含有丰富营养的食物以滋养身体，使胎儿健壮，俗称"补胎"。在浙江舟山的海岛，孕妇在怀孕期间还有许多饮食上的禁忌，如禁食公鸡（怕食公鸡生下的孩子会夜里啼哭），禁食狗肉（认为狗肉不洁，食后产儿必难产），禁食海螃蟹和海虾蛄（怕食之会使胎横难产），禁食鳖肉和章鱼（怕食之会使婴儿短颈、无骨气）。在浙江温州洞头，孕妇禁食切了头的黄鱼（据说黄鱼是海龙王的将军，食之会得罪海龙王，产下的胎儿会四肢不全），禁食兔肉（怕胎儿长兔唇）。除此之外，海岛孕妇在行为方面也有很多禁忌。孕妇不轻易外出，不能参加喜庆、丧事活动；不可与孕妇并行、对坐；忌夫妇同房。在浙江舟山，孕妇一是不准外出看戏，怕锣鼓喧闹震动胎儿，更怕戏中花脸影响胎儿容貌；二是忌进入庙宇、忌杀生，怕冲犯鬼神。而温州洞头的孕妇在怀孕期间，要避开动土、搬迁、拆建房子、钉钉子、搬动大型家具等事宜，以免动了胎气。孕妇也忌坐门槛、檐下；忌上屋顶、跨秤杆、跨牛绳；忌提针缝线，恐胎儿口、目、耳、鼻封闭；忌拿刀、劈柴等，恐胎儿身上有划痕。

在怀孕期间，海岛上也有催生、依耳朵、送生母羹等习俗。所谓依耳朵，俗称"避鱼"，指孕妇的妊娠反应，即闻到鱼腥气就要呕吐。娘家得知后要送馒头、肉、蛋、鸡等食物至女婿家。在孕妇临产月，为了催孕妇早生贵子，娘家要送催生担，里面有婴儿所需的衣饰、尿布等用品，也有红糖、鸡蛋、长面、桂圆等食品。在浙江海岛，除了江南一带流行的"丢包袱卜男女"（若包袱朝里朝下为男，朝外朝上为女）习俗外，也有"丢黄鱼鲞卜男女"的做法，若鲞朝上为女，鲞朝下为男，颇多奇趣。在舟山，孕妇产下孩子后，娘家送去的是黄糖和干面，俗称"挈糖面"，供孕妇产后滋补用，此俗称为"送生母羹"。

诞生庆典则是海岛诞生礼的高潮。从婴儿诞生之日起要经历临盆祝福报喜、开口奶、洗床、满月、百日、抓阄等程序。产妇分娩时要请接生婆接生，接生婆常以手势喻男女，左手者为男，右手者为女，家人见此手势者即知婴儿男女之别。不管是男是女，女婿都要到岳父家去报喜，并要告诉亲友邻居。若产下的是男孩，男孩父亲要到海滩去向龙王报喜，并要去龙王宫用供品酬谢龙王，希冀在龙王的护佑下婴儿能顺利成长。产子的主人还要用龙须面招待客人，俗称吃"喜面"。开口奶是婴儿落地一昼夜后吃的第一口奶，吃开口奶有两种情况：一是产妇无奶，要请其他人为婴儿喂奶，喂奶之妇必须选岛上儿女双全、福大命大的妇女，一般以选高产渔老大的妻子为多；二是用黄连汤代替第一口奶，喝了汤后再喝奶，所谓"先苦后甜"。也有海岛人把醋、糖、黄连、勾藤、盐比喻为人生的

"酸甜苦辣咸"分别让婴儿尝；还有的让婴儿先喝一口咸咸的海水再喝奶，所谓"先咸后甜"。洗床的习俗由来已久，一般在产后第三日进行，古称"洗三"，又称"做三朝"（图3-2）。接生婆为婴儿洗浴换新衣，全家同时在床前设祭桌供奉床公床婆，中午还要摆洗床酒，请接生婆和请来吃开口奶的女客。舟山的习俗中要送红蛋和龙须面给近邻和亲友吃，龙须面又称"长面"，寓意"长命"，而红蛋则寓意"喜庆""得子"。在洗床礼仪中，相谅盏颇具特色，就是用两个杯子盛糯米，糯米中有龙眼或红枣，蒸熟后连同红蛋一起分给邻居的孩子们吃。之所以叫"相谅盏"是因为长辈希望婴儿长大后能与邻居们相商相谅，和睦相处。

图3-2　洗三

婴儿出生后，夫家要派人向产妇娘家报喜，俗称"报生"。娘家闻讯，即备鸡蛋、线面、桂圆等营养食物给产妇吃，俗称"压北"。产妇在产后的一个月内是坐月子时间，坐月子即生育后的调养，期间有不少禁忌和礼仪。产妇一般在房中卧床静养，其房俗称"月内房"，出海的渔民、外出经商的生意人或常出入庙宇烧香的人员忌进月内房。产妇一般不出门，忌沾冷水，不准洗头，不准刷牙。分娩10日内可食鸡蛋、有鳞鱼、瘦猪肉、猪肝等高蛋白食物，烧法清淡，以恢复体质。10日后，产妇就可以吃鸡蛋酒，用姜末、鸡蛋、桂圆或荔枝、橘饼等烧制，每天吃食四五碗，还要吃三顿正餐和面线点心。这种产后调养俗称"做月内"。同时，夫妇双方的亲戚、朋友开始送庚活动，客人送来鸡蛋、线面、桂圆、橘饼等滋养品（现多送红包）。产妇家中要烧线面饭和菜油姜（把生姜剁成姜末，在菜油中炸成）给亲戚朋友吃，家庭条件好的还要设送庚酒，宴请客人。

　　而最热闹、最隆重的礼俗莫过于满月了。除了江南一带所沿袭的送满月礼、剃满月头、穿满月衣、喝满月酒、兜喜神圈（新生儿在家中祭神拜祖后，由父母或舅父抱着走街串巷见众亲戚）外，海岛也有一些比较特殊的礼俗。比如，在外婆送的满月衣中必须要有绣着金龙的红肚兜，虎头鞋、猫儿帽、银项圈、银手镯、银脚镯等也是不可缺少的，男孩穿戴上这些衣饰，活像一个"闹海的小哪吒"。在温州洞头，婴儿满月那天外婆家要送奶母袄（内袄）和风炉裤（开裆裤），男为白色，表示头发胡子白，能长寿；女为黑色，表示"乌乌，下次生

'达哺'（男孩）"。此外，外婆还要送背巾、花披、鞋帽、椅轿等。在嵊泗列岛上，人们还把海宝贝等贝壳串成项圈、手镯等戴在孩子身上，认为这样能避邪。在满月那一天还有一个"与海龙王攀亲"的习俗，就是把婴儿放在一个木盆里，让木盆在海浪中漂泊，旁边有大人扶盆保护。在舟山的一些小岛上也有用婴儿的襁褓代替婴儿下海，让襁褓随波漂流，以此与海龙王"攀亲"。

寿辰礼俗

　　寿辰礼俗是人类企盼长寿永生的一种仪礼。舟山海岛历来崇尚"福、禄、寿"三星，把他们视作吉祥神来崇拜，海岛人的寿诞观比内陆更重。这是因为海岛人常年生活在海上，风餐露宿，朝不保夕，因此更加注重福气。

　　在舟山渔家的堂屋里常常可以看到这样一张年画：一个慈眉善目、白髯飘胸、手持龙头拐杖、踏灵芝、倚花鹿的老人，这就是海岛人称之为"寿星"的南极仙翁。民间的寿诞习俗是祭寿星，向寿星祈求福寿，并为长寿之人祝福。海岛人的寿辰礼仪，实际上从给孩子过周岁生日时起，就已开始进行。但按传统习惯，三十岁以下不祝寿，三十岁以后每逢十年才举行一次。因此，海岛人的祝寿活动应从三十岁算起，俗称"做生"。三十岁的寿叫"头寿"，俗语云："三十不做寿，四十不会富。"但据调查，舟山海岛人一般从五十岁开始做寿，十年一庆，举办祝寿活动。虽说三十岁是头寿，但毕竟太年轻了，年纪轻轻就要祝寿，弄不好可能反而要折寿。海岛人四十岁时忌做寿，因为"四"与"死"谐音，不吉利。因此，在舟山大多数岛屿，除富豪外，一般都是从五十岁开始才正式举行寿诞礼仪。"四十不做生，做九不做十"，即便从五十岁开始祝寿，祝寿的年月也往往提早一年进行，如五十大寿在四十九岁时进行。据说，人生逢十是一大关口，提前祝寿能驱邪避晦，顺利过关，长命百岁。

关于寿诞的习俗，每个海岛因地而异。在某些小岛，做寿前一个月要通知亲朋好友，并向他们发出请帖。在寿诞的三天前，寿星家就要挂灯结彩，布置寿堂。寿期也比较长，一般要三天。第一天是寿日的前一天，主要仪程是自己家里人拜寿。第二天是做寿者的生日，仪程是亲属、朋友、邻居家前来赠礼祝寿。此时，客堂里要放四剥果、四水果、四糖果、四点心招待客人，"四"即"舒"，意谓祝老寿星"舒舒服服"欢度晚年，以示吉祥。礼饭，自然是不可缺少的。那天中午和晚上都有酒席，俗称"吃寿酒"，尤以晚上的酒席最为丰盛，又称"正餐"。因海岛交通不便，有些岛屿上的亲戚一时赶不过来，所以做寿者第三天还要备礼饭，俗称"后寿酒"，以招待迟来的宾客。在这三天中，第二天为正寿酒，场面最大，礼仪最多，最为热闹。

按照旧俗，舟山的老人寿辰礼仪由出嫁的女儿和女婿发动筹办。寿礼中也是女儿送得最多。在嵊泗，已嫁的女儿要挑寿担，寿礼有"四色"和"八色"。"四色"为高（糕点）、桃（寿桃馒头）、祝（大红寿烛）、寿（长寿面），"八色"另加玉（猪肉）、堂（红糖）、富（烤麸）、贵（桂圆）。做生时，先祭祖,再设宴酬宾客。寿辰前一天,女儿、女婿及亲朋好友将寿礼呈献,中堂上红烛高照,所有寿礼均列于中堂的案桌上。其中以女婿送的礼物为大,挂中央,然后按辈分类推,俗称"暖寿"。寿辰日,则为正寿期,要在寿者门前点放炮仗。先是摆香宴敬请神灵,尤其要祭海龙王,然后请出寿翁坐上座,接着按长幼次序拜寿,然后吃长寿面,同时向左邻右舍赠送寿面,共庆寿诞。当然,中午的寿酒是最热闹的场面。富裕的渔家,

晚上还要请戏班唱戏,俗称"寿戏",一直演到第二天天亮,上演的剧目都是与祝寿有关的,如郭子仪拜寿、八仙庆寿、海龙王祝寿之类(图3-3)。

图3-3 唱寿戏

此外,还有些特殊的寿俗,如"六十六,海龙王请吃肉""六十九,海龙王请吃酒",以及船上祝寿、冥寿、女婿寿等,颇具海岛特色。

"六十六,海龙王请吃肉"这个习俗是从内陆演变而来。浙东一带称为"六十六,阎罗大王请吃肉",只不过到了海岛,"阎罗王"变成了"海龙王"。但是,这一变却大有讲究,这是因为在海岛人理念中,海龙王是海内天子,统管海上的一切,包括人之生死,远比阎罗王来得权大势重,故而变之。若海岛老人活到六十六岁,出嫁的女儿在他生日那一天或生日前

三天，要煮六十六块猪肉作寿礼，给她的父亲吃，俗称"吃寿肉"；同时，还送一碗糯米饭和三根鲜葱，俗称"寿葱"，葱是要带根的，意指寿有根栽得牢；还有一根龙头拐杖，意谓龙头拐杖是海龙王送的。女儿送礼肉时，盛肉的碗要用缺嘴碗，即缺口的碗。原因是六十六是人生的一大关口，俗称"缺口"，度过这个"缺口"，人就平安了，为此要吃六十六块肉，来增寿添力。关于"吃寿肉"的习俗，海岛上还有其他规矩。送寿肉的时间要在上午，忌下午。要在涨潮时送，忌在退潮时。要从窗口递进去，不能破门而入。要先供灶神，祈祷后才可食用。若寿翁是吃素者，要用六十六块烤麸来代替寿肉。若寿翁是小岛上的渔民，需先在每块肉上割下一小块，连同少量的糯米饭和葱，拼作一海碗，撒向大海，先给海龙王吃肉，尔后自己才能享用。据说，海龙王吃了寿肉后会向天帝奏本，替六十六岁的老人添寿加福，即使出海捕鱼，亦能平安无事。故而，此谚语改为"六十六，渔民请海龙王吃寿肉"似乎更为贴切。至于"六十九，海龙王请吃酒"，其意相同，无非把"寿肉"衍变成"寿酒"罢了。

在海岛的特殊寿俗中，船上祝寿的方式较为别致，这是因为如果寿翁在海上捕鱼，来不及赶回家去做寿，只能由船老大和船上渔民来为他祝寿。虽说祝寿的场所在船甲板上，事先也无太多准备，但聪明的渔民们用众多的小梅鱼在壁壳上拼成一个斗大的"寿"字，黄澄澄的，金光闪亮；并在头桅上升起一面"寿"字旗，迎风飘扬，把祝寿的气氛营造得十分浓厚。祝寿的程序大致如下：先由老大致寿词，表达颇多赞美之意；继而众渔民向寿翁贺寿，晚辈在船上行跪拜礼，平辈行抱拳礼；最后围坐一席，尊寿翁为上席，共饮寿礼酒。先是老大把盏敬酒，尔后按船上职务的分工，从高到低轮流把盏，向寿翁频频敬酒。为使寿翁不被醉倒，船上规矩，敬酒者喝三大碗，做寿者喝一碗。届时，大家举杯痛饮，猜拳行令，热闹非凡。

当然，最值得一提的还是船上的寿筵。虽说船上的寿筵没有鸡、鸭、鹅和猪肉，但海水鱼则是最大、最好、最新鲜的，并都有深刻的含义，如大鲳鱼寓意"昌盛发达"；大黄鱼示意"前程似金"；虎头鱼象征"富贵无比"；龙头鱼标志"福如东海"；还有凤尾鱼、石斑鱼、鲥鱼，都是一些名贵且口味极好的海水鱼，满满地摆了一甲板，可称为"百鱼寿宴"（图3－4），鱼类品种之丰富为陆上寿筵所不及。

图3-4　百鱼寿宴

冥寿是海岛人为已过世的父母做阴寿的一种习俗。寿堂陈设素色，礼仪如在世，逢十年举办一次，俗称"做十头"，一般做到百岁为止。女婿寿则是浙南玉环闽南籍渔民的岳父母向女婿祝寿的特殊寿俗，一般在女婿三十岁即头寿时进行。岳父母到女婿家祝寿，要送黄鱼一双，猪肉十斤，米酒两瓶，面十斤以及衣服、桂圆、枣子、橘子等。据说，这些礼品都有象征意义，如鱼象征"有余"，米酒表示"满足"，寿面寓意"长

寿"，橘子谐音"吉利"等，以此表达岳父母对女婿的良好
祝愿。

值得注意的是，海岛人的寿诞礼仪中无时不渗透着浓厚的
海洋龙文化。寿礼中的寿桃和寿馒头都要盖上龙印，挑礼的礼
盒、礼盆要印上双龙戏珠、金龙盘柱的图案。老寿星的寿衣上
也绣上了云龙纹和水波纹。寿宴上那只仰头挺立、威武雄壮的
特大龙虾更是一道引人注目的菜。至于寿烛、寿椅、寿堂，即
使是寿礼酒坛盖上的贴花纸，也都用龙凤图案来装饰点缀。更
何况"六十六，海龙王请吃肉""六十九，海龙王请寿酒"等
习俗，就直接与龙和海龙王相联系了。由此可见，海岛寿诞习
俗与海洋龙文化有着密不可分的联系。

海岛寿诞习俗是渔民重视生命的一种美好的表达，它有着
自己独特的海洋文化内涵，有着区别于内陆居民的深层的民俗
心理。浙江海岛的寿诞习俗有着较强的传承性与延续性，虽然
随着时代的变迁而有所改变，但在基本程序和内容方面却无太
多改变，只是程序更趋简化，寿礼更为高档，海岛人的祝福和
愿望也更加充实而丰富了。

婚姻仪礼民俗

《礼记》曰："婚礼者，礼之本也。"古往今来的婚姻是
"合二姓之好"，其目的在于传宗接代。海岛人的婚俗礼仪是海
岛人成年后最为隆重的礼仪，也是海岛人一生中最得意的一件
大事。

作为一种民俗事象，婚姻习俗应包括婚姻形态和婚姻仪礼两个方面。就婚姻形态而言，东海海岛的早婚、入赘婚、冥婚给人印象特别深刻。海岛人的早婚主要表现在幼小定亲和过早结婚两种形式上。海岛的孩子到了六七岁，父母就要为他们定下亲事。如果女孩子到了十四五岁，还无人来下聘定亲，是一件很不光彩的事。同样，如果男孩子到了十六岁，还未定下亲事，想在本岛找个称心如意的姑娘就很困难。因此，海岛人的结婚年龄一般都在十六岁上下，最早的也有十四岁结婚的，显然要比内陆早。入赘婚，俗称"招上门女婿"，一般是渔家有女而无男，通过招女婿来顶香火，以此支撑门面。冥婚又称"阴配"，即父母为亡故的儿女寻觅配偶，结婚仪式跟活人结婚类似。以渔为业的海岛人常年漂泊海上，随时有葬身大海的危险，若溺死在海里的男子为未婚者，则潮魂（一种招魂仪式）后，除了用稻草人代葬外，还要择已亡的未婚女为他阴配。由此可见，浙江海岛的早婚、入赘婚、冥婚都有着鲜明的海洋特征。

婚俗仪礼内容丰富、程序繁琐，大致可分为婚前、婚中、婚后三个阶段。海岛人的婚前仪礼程式主要有请庚帖、过庚帖、纳吉、过书、下聘、下定酒、请婚期、迓妇、抬嫁妆、开面等。

旧时定亲先由媒人传话，如男女双方有意，男方则备礼派人，与媒人同往女家询问其出生年月的时辰，叫"请庚帖"；女方把生辰八字写在红帖上送给男方，叫"过庚帖"。男方请算命者合婚，如八字相合，即置庚帖于灶神前，三日内平安无事，请媒人送婚书及金银首饰、衣料、聘金、酒、饼等至女方下定，双方均宴请亲朋，办下定酒。婚期由男方选定，请媒人告知女方，叫"送日子书"。娶亲前男方派人送凤冠霞帔给女方，俗称"迓妇"。女方结婚前一天将准备好的嫁妆送到男家，嫁妆数量不一，俗称"抬嫁妆"。姑娘出嫁前夕请送娘（送亲娘子）修面，叫"开面"，并办开面酒。

定亲的庚帖上写着男女生辰八字，男方必须用描龙图案的红纸，女方则用飞凤图案的红纸，表示男女双方龙凤相配之意。海岛上，男女定亲时必须送几条大黄鱼。送鱼时，一定要成双搭对，象征双龙戏珠。而且鱼头要朝着被送的一方，意味着鱼游进去就不再出来；若方向错了，意味着婚姻不顺或有婚变的可能。旧时婚嫁，男女双方礼品往来常与生育有关，如定亲、结婚女方回礼有五谷种、花生、芋头、水仙花、韭菜等繁殖力较强的吉祥物，还有肚裙布等。

婚中阶段的礼仪也很繁琐。结婚当日，男方凌晨用牲福礼敬祀喜神，叫"享先"。新郎一般不往女家迎亲，多以送娘为使者随迎亲花轿去女方家。迎亲花轿的轿身金龙盘柱，雕凤镂花；轿顶飞龙拱顶，轿杠两端为龙头。新郎家必贴画有龙飞凤舞图案的纸花。发轿时，选一父母双全的男孩坐轿内押轿，中途由家长背回。男方花轿进门后，待嫁姑娘需睡床上，三次相催才起床梳妆，吃上轿饭，第一口吐回父母床头，示意不忘养育之恩。然后戴红头帕，由兄弟抱上轿或领上轿，母亲、姐妹号哭相送，母亲向停轿处泼一盆水，兄弟随轿送至半路返回，此时倒掉轿内火熄灰，啼哭停止。哭嫁是温州洞头旧时妇女结

婚时必过的程序，不管会
不会唱哭嫁歌，全都要
哭，甚至有母亲姐妹陪着
哭的，说是有祛邪除煞和
告别亲人时诉说心里话之
意。唱哭嫁歌时，邻居会
来观看，听听新娘唱些什
么，唱得好不好。哭嫁从
新娘梳头开始，到跪拜祖
宗牌位、辞别亲人、跨炉
火、上花轿，新娘一般要
一直哭到花轿上路才停
止。随后，送娘披红布、

图3-5 嵊泗婚俗

背子孙桶相随至男方（图3-5）。

　　海岛的接亲主要有两种情况：一种是新郎和新娘同住在一
个岛上，新郎派人用花轿去迎娶，就如上面所描述的情况；另
一种是新郎和新娘不住在同一个岛上，新郎需要派船去迎娶新
娘。海上接亲要预测天气风向和潮流，并提前一两天到达女方
岛屿，以免耽误婚期。开船前，新郎官要亲自到船头用供品祭
祀船神，求船神保佑一路顺风。接亲的喜船根据岛屿间的距离
也有区别：岛际距离近的，喜船由描着炯炯船眼的带角船改装
而成，船头悬挂大红球带，船上插着龙凤彩旗，船上敲锣打
鼓，鞭炮鸣响；岛际距离远的，喜船就用漂漂亮亮的绿眉毛船
或是画龙雕凤的花雕船代替，以船代轿，别具一格。"喜船迎

娶锣鼓敲，一路不忘放鞭炮"，迎娶喜船离岛时要鸣放三声开船鞭炮，船靠码头也要放三声喜庆鞭炮，新娘由兄长背下船时也要放鞭炮，这种放鞭炮的习俗与花轿迎娶基本类似（图3-6）。

图3-6　喜船迎娶新娘

新娘到夫家以后的礼仪一般在涨潮时进行。先有请出轿的习俗，赞礼者请新娘出轿，一幼女至轿前三揖，引新娘出轿，出轿后跨马鞍踏麻袋前行，麻袋交替送接，叫"传代"，麻袋五只，示意"五代见面"。接着是拜堂，新婚夫妇一拜天地，二拜祖宗，三拜父母，尔后夫妻对拜行合卺礼，喝交杯酒，入洞房后婚礼才算告一段落。也有一种十分特殊的婚礼：旧时渔村新郎出海生产遇风，或新郎在远洋生产不能如期返航，而婚期又不能随便改变，只能由新郎的妹妹代兄拜堂，在洞房内笼养一只公鸡，鸡颈系红布条，新郎回来放鸡出，俗称"抱鸡入洞房，阿姑代拜堂"（图3-7）。

图3-7 抱鸡入洞房，阿姑代拜堂

民国初期起，提倡文明结婚，不兴旧礼拜堂，只行结婚仪式，包括主婚人、宾客致辞，新郎答词，新娘新郎穿礼服向父母长辈鞠躬致礼，夫妻互揖，交换饰物，在婚书上签名盖章等，但此仪式仅城镇少数人接受。中华人民共和国成立后，《中华人民共和国婚姻法》颁布，提倡恋爱自由，婚姻自主，新事新办。符合结婚条件的男女，需同去当地政府申请登记，领结婚证书。婚礼礼仪要符合文明结婚要求，废止坐轿，宴请从简。20世纪70年代曾推行集体结婚仪式，不办酒席，以分送喜糖代之。还有人选择旅行结婚。

旧时受封建礼教束缚，男人亡妻再娶，礼仪可与头婚同。

女子丧偶改嫁则遭鄙视：不能坐花轿，只坐小轿；不准在原公婆家上轿，只能走出村口；脚穿红鞋，外罩丧履，上轿前去掉丧履，以示与亡夫绝缘；带入新夫家的前夫子女，不得入家谱、继承后父财产等。渔区禁限稍宽，丧偶妇女改嫁少受干涉。部分渔村妇女丧偶招婿进门，叫"坐门招夫"。少数偏僻海岛，兄弟亡故，嫂嫁叔、弟媳嫁伯，称"兄终弟及""弟终兄及"。中华人民共和国成立后，国家革除男尊女卑的封建陋习，丧偶男女与未婚者享同等权利。

舟山一些小岛上曾经盛行过拜龙王婚俗，这是海岛拜堂习俗中的特殊礼仪。这项礼仪是请新娘、请新郎、拜天地后的第四项仪式，即新郎、新娘要向龙王叩拜。赞礼者要唱两首拜龙王的歌，一首是"银烛辉煌金花红，拜谢龙王祝寿隆；龙凤参生龙凤子，他年攀桂步蟾宫"，另一首是"龙王头上一盏灯，香烟袅袅透天廷；夫妻双双齐来拜，保佑家门万年春"。婚礼即将结束时，还要举行送龙王、抱龙灯的仪式，即新郎、新娘再次拜送龙王出堂，随后各抱一盏龙灯，双双步入洞房。这种习俗除舟山外，温州、台州等沿海岛屿也存在。

拜堂后还有新娘挑巾、新娘出厨、喝糖茶、拜见钿等仪式。新郎家安排一个父母双全的小孩往新马桶内撒尿，并赠其红蛋，示意"早生贵子"。还请长辈中福分好的妇人入新房，用秤杆揭去新娘所戴头帕，叫"挑巾"。"挑巾"后，新娘整理服饰，到厨房亲割祭祖猪肉，并将系身布襜交给厨师，请其代为厨事，叫"出厨"。接着谒拜公婆、长辈，敬糖茶，称"见大小"，长辈赠其钱币，叫"拜见钿"。各项礼毕开宴，席间新郎向长辈敬酒（以舅父为先），新娘由送娘陪伴，多次换装，向宾客敬酒行礼。晚上亲朋宾客在新房内唱酒、贺郎。就寝前，新娘须替新郎脱袄裤（音同"懊苦"），以讨吉利。

这里特别要说说贺郎的风俗。新郎、新娘为贺郎的主角，是众人喧闹的对象，所以有了贺郎的风俗。贺郎有文场贺郎和武场贺郎两种。文场贺郎是在新房里设案摆盏，新婚夫妇坐在案席的上首，其余宾客围坐四周。整个贺郎过程以一唱众和的形式进行，唱词多由领唱者根据房内的摆设、桌上的喜果、盆中的菜肴、新人的穿戴等即兴编词，随编随唱，并要新郎新娘同时做出动作上的反应：领唱人唱到"红烧黄鱼"时，贺郎人就用筷子夹起桌上的黄鱼，硬要新郎新娘对嘴尝鲜；唱到"花生"时，要新婚夫妇互剥花生送进对方的嘴里；唱到"枣子"，要新婚夫妇两人共食一颗枣子；唱到"荔枝"，要新娘剥去荔枝壳，把荔肉用嘴叼着让新郎来亲嘴。编唱的词意大多与家庭美满、夫妻恩爱、子嗣繁衍等有关，而且多为吉利之词。众人与新婚夫妇嬉闹逗趣，笑声不断，形成十分热闹的场面。武场贺郎是把新婚夫妇坐的两把椅子绑起来，只允许夫妇俩坐在椅子靠背上，而且要求夫妇俩配合的动作难度也提高了。众人捉弄嬉闹，显得比较粗鲁甚至野蛮，因此称为武场贺郎。一般而言，武场贺郎常常发生在偏远的小岛。

结婚当天，邻居孩子开始向新娘要糖果，俗称"讨冬瓜"。"讨冬瓜"为期三天时间，新娘把从娘家带来的或男方准备的糖果分给孩子们。晚上，大人们开始到新郎家闹洞房。俗话说："三天无大小。"闹洞房的有男女宾客或邻居、朋友，长辈、同辈和晚辈都能参加。

渔家人结婚时的排场往往很大，尽显豪爽。在宁波一带，一般会请吃"好日酒"三天，主要是宴请亲戚朋友及族里其他人。一家有事全族帮，女的做帮厨或布置洞房，男的做帮工。"好日酒"前一天主要是各种准备工作，因为桌数多，要向邻居借很多桌椅碗盏等。新娘家如果不远的话迎亲队伍就会在那一天去把嫁妆迎来，嫁妆队伍也很壮观，一大件一大件地抬着嫁妆，街坊邻里会一大件一大件地数，妇女们也会暗暗比较谁家的嫁妆更大方，队伍排得更长，宁海一带至今还盛传着十里红妆的说法。下午及半夜有点心供大伙儿吃，主要是糖果，还有一些像莲子、花生等表示吉祥的糕点水果，新郎、新娘则会专门吃包子、蚶子、肘子、栗子、莲子，讨"五子登科"彩头。第二天迎亲正日，男方挑着米箩担迎娶新娘，女方会派人拦轿门，讨喜糖喜钱等。女方家最热闹的是中午正餐的时候，之后送新娘上花轿，热闹气氛移至新郎家。晚餐是新郎家的正餐，但哪怕再晚，正式喜酒开桌之前，新人也要给家里的长辈磕头敬茶，长辈们按次上座，喝着甜甜的糖茶，然后摸出一份红包，司仪数过红包里的钱后高唱某某茶钱多少，场面既隆重又热闹。之后开吃喜酒，人们从厨房里端出一道道热气腾腾的美味佳肴，有各式各样的菜，大家一边吃一边数着碗数，旧时有"十六碗"之说，后来增至二十几碗，大伙儿猜拳喝酒，热闹非凡。第三天是回门，新娘子带着新夫婿回娘家。

另外，在渔家婚宴上，还能看到一道渔岛特有的饮食风景线：宴席上，渔家人会端上一大碗带皮烤熟的整个芋艿。一席婚宴，只要少上一道烤芋艿菜，就算大鱼大肉、全鸡全鸭，婚宴也不被认为是丰盛的。而一道婚宴上，上两道烤芋艿，吃喜酒的人就会夸赞东家婚宴特别丰盛。就是在日常饮食中，渔家也将芋艿当作上等大菜。逢年过节，或是家中有客，总有一道红烧芋艿。"跑过三关六码头，吃过奉化芋艿头"，渔民对奉化芋艿头更是珍视。

婚后还有认亲、吵新房、庙见、回门等习俗。结婚第二天早上，新媳妇必须早早起床，向公婆敬银耳汤或糖茶，然后由小姑陪同去岛上的外公、舅舅、姑父家挨家挨户地敬茶，俗称"认亲"。而"认亲"的公婆及长辈喝了茶后均要向新媳妇送红包，表示对新媳妇孝顺的回报。新婚三日内，亲朋好友可在晚上潜入新房拿走任何东西，翌日向新婚夫妇索取香烟糖果，谓之"吵新房"。在大的海岛上还有婚后三日庙见的风俗，即男主人与新媳妇见于祠堂。当然，海岛上最热闹的要算三朝回门了。新娘出嫁第三天，在完成各项仪式后，新郎陪同新娘共同携礼回女方家去拜见岳父、岳母及亲戚。回门时新婚夫妇要备好烟、酒、营养礼品等，一般是当天去，当晚归，双去双归。那时的新郎官尤其是男方的陪客就会成为女方亲友的调侃对象，大家猜拳灌酒，好不热闹。

丧葬仪礼民俗

丧葬礼是人生走向最终归宿的一个最后通过礼仪式，但这个礼仪与其他人生礼仪截然不同，那就是，丧葬礼不是自己能够亲历的，它是一种完全他历的礼俗，而且与信俗密切相关，表现出"既是人生的终极归宿，也是人生再生的开始"的双重意义。

在浙江沿海，为祭奠在海上遭遇不幸的亲人，每年的农历七月十五（民间又称"鬼节"），海岛上的人们多摆祭水果、点心，祭祀亡故之人，海上渔民此夜点放海灯，以招亡魂。天黑了，海难者的亲人们带了香和烧纸，抬着各式各样的海灯船来海滩上放海灯。他们用浆糊把一层层的布糊成硬壳做成的海灯船，在海灯船上放了点燃的蜡烛，并将船推入大海，泪汪汪地看着那船漂远。亲人们哭着朝漂远了的船喊："看见替你做的灯船了吗？你可千万顺着自家这条船的灯上船回家来啊，来家看看你的亲人们吧！"其他各家的海灯船也多种多样，有极精致的木板做的船，有布糊的，还有纸壳做的，还有的穷人家只好找张硬点的纸折叠一条船。那些招魂的灯船、带着人们思念的灯船，闪着星星点点的微光，慢慢向海里漂走，直到消失在远处（图3－8）。

图3－8　渔民放海灯船

这其中最具代表性的是宁波象山农历七月十五的放海灯民俗活动。海灯又称"水灯"，放海灯是流传于象山沿海渔村的一项民俗文化活动，在石浦渔港东门尤为盛行。

不少偏僻的地方现在还有在鬼节祭祀的风俗。据说一年之中只有这一天，"鬼"才能自由自在、无拘无束地出来活动。祭祀的形式大同小异，无非是摆桌菜、上香点蜡烛、烧纸钱，嘴里念叨上几句祝愿先人的话，之后全家美美地吃上一顿。这风俗到了海岛却衍化出了新的内容，沿海渔民为了让死于海事的亲人（即海鬼）尽情欢娱和享用，便家家户户扎起各色海灯（图

图3-9　扎各色海灯

3-9）。海灯有的用绢做，但大多是用纸做的。有虾灯、鱼灯、蛤蜊灯、蟹灯、荷花灯、海星灯、六角灯、八角灯、宝莲灯，以及各种几何形状的灯。没有固定模式，只要做得漂亮，

图3-10　祈求太平的荷花灯

什么色彩、形状都可以，但海生生物形状的灯是必须有的（图3-10）。放海灯时，石浦渔民口里念的祭词是："海上人客（海上遇难人的亡灵）喔！今日水灯放给呐（你们），管顾

（照顾）阿拉（我们）渔村太太平平，渔船安全无事，希望呐（你们）早日投生喔!"灯载着做灯人和渔家的希望与祝愿，顺着潮流漂远。当海灯渐渐远去，人们也渐渐散了，祭祀亲人、祈求太平是年年不变的主题。

在浙江温州洞头则有东岙普度节（图3-11）。农历七月十五的中元节，世间人们做超度亡灵的仪式，使亡灵们得以早日解脱。这一活动曾在我国各地流行，而闽台地区尤其盛行。洞头先民从福建泉州、漳州迁入，也带来了闽南文化的习俗。东岙普度节是在农历七月廿三、廿四，也称"中元普度"或"中元普利"，有近200年历史。东岙普度节由当时几位船老大发起，他们认为渔民以捕鱼为生，在海上作业平安无保障。为超度海难者及孤魂野鬼的灵魂，以求渔船、村庄平安，东岙村和东岙顶村联合起来在东岙海边大士爷庙做普度。据老人讲，东岙做普度自发起至今，除中华人民共和国成立初期停过几年外，年年都举办。

图3-11 温州洞头东岙普度节

东岙普度节是传统文化的继承，表达了人们期盼平安和谐的美好愿望。经过百年变迁，这些习俗已被赋予新的时代内涵：过去为亡灵超度，祈求平安；现在则是作为一项展示海岛民俗风情的活动来开展的。其中，放水灯已从原来的引送野鬼、祈祝海蜇丰收转变为如今自娱自乐的灯会。2009年，东岙普度节被列入浙江省非物质文化遗产代表名录。

在浙江嵊泗，丧葬习俗包括做寿坟、送终、穿寿衣、报丧、守灵、吊仪、丧服、入殓、开吊、上饭、堂祭、出殡、路祭、祭祀山神土地、入穴、烧草、吃羹饭、做七、做百日、做周年等一整套礼仪。旧时，渔船又小又旧，风浪频生，渔民海难时有发生。在浙江奉化沿海，最惨重的一次是在1959年因台风造成的吕泗洋海难，仅桐照一个渔村就有三十九位渔民罹难，而且多数是青壮年。这些罹难者遗骸难觅，只能用招魂的仪式让他们入土为安。

海岛历来有为海难者举行的特有的丧葬礼俗——招魂。渔民出海是"一只脚踏在棺材里，一只脚踏在棺材外""三寸板里是娘房，三寸板外见阎王"。海上捕鱼的渔民经常遭遇狂风巨浪，落海身亡，有时甚至找不到尸体。家里的亲人为了让死者的亡魂能返回故乡，于是在出殡之前举行招魂仪式。

海岛的招魂一般都有一套特殊的祭奠习俗。渔民不幸葬身大海之后，因为往往无法寻回尸体，他的家属就用稻草人代尸，稻草人穿上死者生前的衣服，在家里摆设起灵堂。同时，在村外的海边请道士为死者招魂。招魂要在夜间的潮水初涨时进行，死者的亲人到海边去叫喊，把失落在海里的阴魂喊回来，招进稻草人中，再进行安葬。这种招魂仪式，叫作"潮魂"（图3－12）。亲属要先在海边搭起一个小小的醮台，到了傍晚，在帐篷里点起香烛，中间放着稻草

图3－12　为海难者招魂

人，身上贴着死者的生辰八字。等到晚上涨潮的时候，道士坐在醮台上，敲响钟磬铙钹，嘴里念着咒语。这时候，有人在醮台前后点燃起一堆堆的篝火，手拿一杆带根的毛竹，顶梢上挂着箩筐，里面装一只雄鸡，面对大海，随着道士的咒语，不停地摇晃着毛竹。也有披麻戴孝的死者家属，提着有字的灯笼，高声呼叫死者的名字："某某来呀！某某来呀！"声音非常凄厉。然后，由一个孩子或者亲属答应道："来喽！来喽！"一呼一应，直到潮水涨平，才由道士引魂回家。到了第二天，亲属把稻草人放进棺材，送到山上去安葬。

象山石浦渔民的招魂仪式与此大同小异。具体内容及形式是：选好出殡的日子，在出殡的前一天下午，由道士到海边、港边或码头边向海神发文，告知海上神灵，找回死者亡灵。发文的内容是死者的姓名、出生年月、死亡的时间、死亡的地点、招魂的时间。第二天（出殡这天）上午涨潮时，在海边（港边或码头边）近水的地方放两张八仙桌，一张桌子放祭神的供品，一般是五盘，有肉、蛋、鱼豆腐、面等，一张桌子放

羹饭（祭祖的小菜）祭亡灵。在靠海边桌子的脚上绑上一株头上有竹叶的小竹子；在竹子上吊上草人，草人穿着死者生前的衣服鞋袜，上面写着死者的姓名、出生年月；在竹子头上放一只喝醉酒的鸡（男的放公鸡、女的放母鸡）；接着由道士上香做道场招魂，一直到鸡醒来啼叫几声后，再由入殓人把草人放入棺中入殓、出殡。

渔民劳作的辛苦及风险程度远远要超过内陆干活的人们，因此渔家也特别注重渔民自然死亡的丧葬礼仪。在象山石浦，人死前，亲人守床前送终，聆听遗言，并给病人喂饭，剩饭让子孙分食，叫"吃袭衣饭"。病人气绝后，焚香于灶前、祖堂祝告，亲人给死者沐浴、梳头、穿过老衣，由子孙移尸于堂屋，悬孝幔，设祭桌，供糕点，点脚后灯。并将死者睡过的席褥连同新买草鞋焚于三岔路口，叫"烧荐包"。随后遣人倒掮雨伞向亲戚报讣音。亲戚闻噩耗，以哭相报或以砸瓦片代之，并备重被、白烛、祭物，往灵堂吊祭。晚上亲人守灵，请人念经为死者超度。

落殓一般选择涨潮时辰，由子孙扛尸入棺，盖上亲友所送重被，封盖钉棺，亲人扶棺围哭。出殡时的时辰，一般多选在上午，那天全体披白；子穿孝服，戴三梁冠，腰系草绳，手执孝杖；孙戴二梁冠；同族亲人穿戴白衣冠；关系疏远者素衣白帽；女戴孝斗；四代曾孙戴红帽；五代重孙戴绿帽。出殡时，先行醮杠礼，后以魂幡引路，鸣锣开道，女婿扶灵牌，孝子扶棺，亲属排辈依次随送。棺木过桥，孝子呈卧伏，叫"背棺过桥"（图3－13）。棺木入墓穴叫"进椁"，进椁后灵牌原路返

回祠堂焚烧，将其名
讳排行记入祠堂神
位，设祭上堂。送葬
亲朋亦原路返回，跨
过烧荐包灰，在丧家
醮上净水，吃送葬
饭。

图3－13　孝子背棺过桥

从死日起，七天祭奠一次，叫"做七"。"五七"或"六七"由女婿亲自设祭，做至"七七"，烧毁居丧时用的苴杖、麻带，脱去白鞋。至百天再祭，叫"做百日"。满一年做周年羹饭。旧俗三年"满孝"，以后每年逢生辰、死期，做忌日羹饭。

渔民另有一条特殊的规矩：在茫茫大海上，一旦发现遇难者的遗体，不管他是老是少，不管他来自何方，都必须义不容辞地打捞、认领和安葬。打捞上船的遗体谓之"财神"或"活宝"，渔民对其敬礼有加，马上想方设法同海难者家属取得联系；对于那种无人认领的遗体，渔船必须立即收网靠岸，全船渔民都披麻戴孝，将其隆重安葬。

第四章 海洋竞技游娱民俗

渔民竞技是海岛人游戏的一种类型，产生于渔民的劳动中。浙江舟山渔民在长期的生产生活中，形成了大量富有海岛情趣和海洋特色的传统竞技活动。爬桅杆、拔篷、摇橹、抛缆、攀缆、车锚、潜水、跳水、滑泥马、海滩拔河、海滩摔跤、织网等重要的劳动求生技能，在成为有组织、有规模的竞技活动以后，千百年来在海岛渔村世代流传，并成为特别的体育竞技比赛。旧时渔民竞技活动一般在捕捞作业休闲期或渔船进港休闲时进行，后来在举行开洋、谢洋等重大海祭、庆典或庙会活动时，这些娱乐性的竞技游戏也成了其中的主要内容。这些游戏偏重于体力与技能的较量，锻炼了渔民长期在海上与风浪搏击所必须具备的强健体魄，更培育了海岛渔民过人的胆识和坚强的意志，经过一代代渔民的传承发展，已经成为舟山渔民精神生活的重要组成部分。

　　娱乐性、生产性与竞技性相融合是海洋生产竞技民俗的基本特性。绝大部分的海洋生产竞技民俗活动，既存在着不同程度的竞技特征，又存在着不同程度的娱乐特征，特别是在海洋生产和民间竞技活动中，"你中有我，我中有你"的现象是常有的。但归根结底，大部分海洋生产竞技民俗都是以沿海居民的生产活动为基础的。

　　以舟山渔民生活为内容的竞技民俗活动主要分为生产型、

娱乐型、救护型。生产型活动，即在休渔期开展有关渔业生产的活动竞赛，以更好地进行捕捞，如妇女织网、船头套缆、船头打靶、拖渔网比赛等。娱乐型活动，即在繁忙中不忘锻炼身体，既可以消除疲劳又可以缓解枯燥的海岛生活，如舟山船拳、海滩放鸢、赛泥马、戈石等。救护型活动，即通过活动更好地搏击长风巨浪，以保护财产及人身安全，如摇橹划桨、扬帆驶篷、游泳等。这些贴近渔民生产生活的游娱项目将海岛人民搏击风浪、捕鱼劳作的日常生活技巧以竞赛的形式展示出来，充分体现了海岛人吃苦耐劳、积极向上、敢于争先的精神面貌。

生产型竞技民俗

民间竞技是一种以竞赛体力、技巧、技艺为内容的娱乐活动。争强斗胜是民间竞技的根本特性。"竞"是比赛争逐的意思，"技"则指技能、技艺或技巧。悠久的海洋文化和特定的环境条件，使浙江海岛居民创造出了许多带着浓郁的海洋风情，反映自己劳动生活的生动活泼、丰富多彩的民间竞技活动。

海上爬船桅比赛

爬船桅是沿海区域捕鱼人必须学会的一门技术。无论是数人操作的小型木帆船，还是数十人一队的大中型机帆船，船舱中心都有一根粗壮、高大，用作升篷帆的主桅。小船桅高七八米，大船桅高十余米。当篷帆升降绳索被缠住或遇风暴袭击需落篷保安全时，就需有人爬上桅杆排除故障。一方面渔业生产需要渔民熟悉爬桅技能，另一方面渔民在下网间隙也喜欢刺激性强的娱乐活动，于是爬船桅比赛就逐渐成为一种海上活动。爬桅赛若是在同一船桅上进行，若无钟表，则以点香或数数计时；若在不同船桅上同时进行，就可直接判定快慢。开展爬桅赛时，有一人当裁判，手执绣龙三角小令旗。赛手身着龙衣龙裤，腰系撩樵带（即腰带）；以令旗为号，赛手徒手赤脚，四肢并用，似灵猴般攀桅而上，以最快、最早摘取桅顶的鳌鱼旗或定风旗为得胜标志。即使在风平浪静时爬桅，悬空望大海也会令人目眩眼花，爬桅带有冒险性，须有技巧、臂力和腿功。遇上风大浪高时，船体摇摆，船桅更是剧烈晃动与倾斜，浪花扑面而来，此时爬桅更要有超强的毅力和高超的技艺。

拔篷（帆）比赛

旧时渔民捕鱼都用木帆船，风是船航行的重要动力能源，而篷则是充分利用风力作用的工具。拔篷的种类有三人拔、四人拔、六人拔和七人拔等四种。不管是几人拔篷，除一根长力（拔篷的绳索，渔民称长力）用来拔篷外，其余所有的绳索（渔民称撩丝）都由船老大掌控。拔篷时，渔民们各就各位，喊着号子，有节奏地往上拉。随着风速的增大，拉的速度会越来越慢，号子就从"小号"转为"大号"，整个渔港码头就成了号子的海洋。

抛缆绳比赛

这是渔船靠岸系缆或渔船起网固有的海上劳作行为。当渔船近岸而未靠时，船上必须有人先从船头把缆绳抛上岸来，或直接抛进岸上的缆桩里，或抛向岸上接缆人，再由接缆人把缆绳套入缆桩。然后，船上抛缆人逐渐收紧缆绳，使渔船平稳地靠岸。抛缆是充满角力和智慧的一种竞技活动，这是因为抛缆的动作是否平稳准确会直接影响渔船安全而及时地靠岸。另外，靠岸时船与岸有一定距离，若无较强体力和较高技能很难把缆绳抛到岸上（图4-1）。

图4-1　抛缆绳比赛

出网比赛

出网就是渔民把渔网撒向大海的一个过程。旧时木帆船上没有什么机械，所有工作都是靠渔民人力来完成的，出网也不例外。为了活跃单调、枯燥的海上作业生活，渔民常常自发组织出网比赛。过去渔网的一纲长24仞（一仞约1.7米长），要在最短的时间里用最少的把数（拉网时的动作计量单位）把渔网顺利地撒进大海，并且不缠绕在一起，这是一件非常不容易的事，必须要有一定的技能才能完成。比赛时，同样长度的渔网，以出网把数的多少或出网时间的长短来一决胜负。

渔妇织网比赛

织网是海岛妇女的基本技能。网梭、割刀、剪刀和竹片是织网的四件器具。比赛开始时，参赛者同时在码头上织网，以在规定时间内网片编织面积最大者为胜。织网一靠手灵巧，二靠速度快，还要不漏一个网眼，不打错一个结。

象山石浦每年的"三月三，踏沙滩"活动，都要举行渔妇织网比赛。织网比赛形式分为单人织网比赛和多人织网比赛两种。织渔网时，把整张渔网分成若干段，一人或几人织一段，按织的皮（圈）数多少和眼数多少分胜负。平时渔村妇女们参与比赛的组数或人数非常灵活，根据聚在一起织网的人数或愿意参加的人数而定（图4-2）。

图4-2　渔妇织网比赛

洗鱼、拣鱼比赛

洗鱼、拣鱼、劈鲞、晒鲞、取乌贼蛋、揩海蜇皮等均是海滩妇女的生产型竞技活动。洗鱼又叫淘鱼，几个妇女同时在滩头海水中旋动盛鱼的箩筐，把污水和杂物排出，以谁洗得快、洗得多为胜。这是一种很繁重的劳作，一箩筐盛着70到80斤鲜鱼，旋动起来很费力气，因此要讲究姿势和技巧。拣鱼就是把各种鱼虾分门别类，主要是比速度，以净为胜。劈鲞，则是把鱼鲞剖开，取出内脏，以动作利索、加工精良、量多质好为优。晒鲞，则是把洗净的鱼鲞平摊裸晒于竹漉上，要头朝下、尾朝上，先晒背、后晒腹，排列有序（图4－3）。

图4－3　洗鱼、拣鱼比赛

娱乐型竞技民俗

舟山船拳

舟山船拳发端于吴越春秋时期，形成于明清时期。舟山船拳在中华武术宝库中独树一帜，普陀是舟山船拳主要发源地之一。明朝中期，倭寇经常侵犯我国东南沿海，舟山沿海成了抗倭斗争第一线。明朝将领戚继光领军抗倭，在水战中，将士们用具有南拳风格的船拳与倭寇搏击，取得了重大胜利。于是这种具有强身、护体、御敌功能的船拳很快在普陀渔民中传播开来。明清时期，普陀渔民在抗倭、抗盗斗争中使用看家本领船拳，使敌寇闻风丧胆。

由于海上风浪颠簸和船上场地限制，船拳动作往往以身为轴，以原地转动为主，注重腿部、臀部和腰部的运动，步法极重马步，以求操拳时稳健，经得起风浪颠簸。船拳经过多年习练，同时兼收各派之长自成一脉，形成了似南拳又非南拳的独特风格，这就是舟山群岛自己的拳种。舟山船拳具有体用兼备、内外兼修、短兵相接、效法水战、刚劲遒健、神行合一、步势稳烈、躲闪灵活的特点。舟山船拳套路并不复杂，有28个动作，其重要招式有拜见观音、开门见海、大浪滔滔、哪吒闹海、乘风破浪、双龙入海……这套简单易学的拳法深受舟山居民的欢迎，也成为舟山民俗体育旅游的亮点之一（图4-4）。

图4-4　舟山船拳

海滩放鸢

清明、立夏、中秋、重阳是海滩放鸢的热闹日子。海滩上空气新鲜，场面开阔，众多参赛者一展技艺，场面十分壮观。比赛以放鸢的时间长短为竞赛标准，最后以完美无损落地者为胜。海滩放鸢也有一种寓意，即把晦气放向远方海面，以保海岛的平安，断了线的风筝不能拾回来，否则视为不吉利（图4－5）。

图4－5 三月三海滩放鸢

赛泥马

此游戏为明代抗倭名将戚继光所创。舟山朱家尖顺母涂在明代是个面积很大的海涂，人不能行，马不能进，入涂则陷泥。为了在舟山滩涂中追击逃亡的倭寇，戚继光就创造了一种似马非马的器具，名为"泥马"。后人效而仿之，将此发展成为一种体育竞技游戏。泥马是一个长五尺、宽一尺的马型船具，底板平滑，上有一横柄。竞赛时，比赛者双手扶柄，左腿立船尾，右脚向后蹬，泥马就能快速前进。因泥马形似蚱蜢，在泥滩中作跳跃式前进状，故又称"泥艋"（图4-6）。

图4-6　海滩赛泥马

戈石

这是在台州沿海渔村流传至今的一个滚石球的游戏，俗称"戈石"。此游戏也与明代抗倭名将戚继光有关。据说，戚继光当年在台州抗倭时，一次主力军剿倭外出，而倭寇突袭台州城。面对强敌，戚将军心生一计，他命令关闭城门，发动全城百姓在城内滚动石球，同时发出惊天动地的呐喊声。这巨响好似千军万马在城内奔驰刺杀，吓得倭寇闻"声"丧胆，不战而退。至今，台州、玉环等地还流传着这种滚石游戏。

拎石锁，举石墩

渔民在上岸劳作之余，常常拎石锁、举石墩，以此锻炼臂力或举行比赛，获胜者被称为"大力士"。石锁是一块重约50斤的石块，下面呈锁形，上面有个圆石孔，可让人抓举（图

4－7）。石锁可作大网的网坠或压舱石。而石墩中间为木棒，棒的两端穿入两个圆形的石盘，作为举重的器具。

图4－7　拎石锁

在宁波象山石浦有一个提压石比赛，大致与此相仿。压石是渔船上用来降低船的重心、使船平稳、缓冲或减少风浪的冲击力的重物，是用粗旧网把石头装成大小不一的固定体，种类有：大号约150斤，二号约120斤，三号约100斤，四号约80斤，五号约60斤。渔民根据渔船的大小，确定放置压石的总重量。提压石比赛时，两人或几人提着压石从船的中仓走到船头，再从船头走到中仓为一个来回。相同重量的压石，提着走的路程长者为胜；相同路程，提压石重量重者为胜。

放三眼铳

三眼铳是旧时象山石浦民间的一种火器，由打铁店制造，用三根铁管子组成，上空下实，口径六七厘米，长约十五厘米，由铁箍捆绑在一起，装在长长的木柄上。三眼铳因为声音特别响亮，故常用来制造热闹场景，增添节日的喜庆气氛。当然民间也用它来驱灾避邪祈求好运。石浦使用三眼铳最多的是在"六月六"庙会上。在街道巡游时要用三眼铳开道，以壮声威，制造热烈欢庆的气氛。巡游队伍中有一座座色彩缤纷的抬阁，这些抬阁必须配上三眼铳。三眼铳多用在抬阁的四周，游行队伍的后面一般不安排三眼铳（图4-8）。

图4-8　放三眼铳

救护型竞技民俗

摇橹划桨与扬帆驶篷

船，是我们祖先征服水的一项伟大而智慧的创造。船的发明使渔文化的发展有了一个新的飞跃。作为海洋渔文化中的一种载体，渔船是人们从事更大海域范围捕捞鱼类的主要工具。舟山嵊泗渔民称渔船为"木龙"，颇具独特的渔文化色彩。捕鱼须驶船，驶船比赛就成为渔民日常海上娱乐和体育活动。驶船比赛分为摇橹划桨和扬帆驶篷两种。

摇橹赛参赛船各有一人摇大橹，一人摇舱橹，一人划桨，要既摇得快，又不倒橹蹄。驶篷赛，指海上有风就扬帆驶篷，驾船飞驶比快慢。技艺高强的渔老大扬帆驶船，手牵帆索，甚至可让船体半边侧倾，使船舷一边贴着海面，让篷帆有效地凭借风力，推船飞驶。初坐这种船的人会惊恐不已，但在大海上久经沙场的渔老大都胸有成竹，巧妙地使帆借风，把船开得既快又安全。更令人叫绝的是摇橹推船过激流漩涡，或扬帆驾舟闯险滩比赛，稍有不慎，就可能船翻人落水。这就要求参赛者不仅要有强壮的体魄、过人的胆略和智慧，还要有高超的技艺。

游泳对垒擂台赛

游泳对垒擂台赛是一种浙江沿海或海岛区域的渔民以游泳比赛形式进行两军对垒的擂台赛。游泳对垒擂台赛以数人或数十人各为一方，双方各以泊在港湾内的一艘渔船为大本营，一方先派出一人向对方双手击水以示挑战，另一方亦派出一人应战，进行海上对搏；擂台赛中双方人马逐步增加，但应保持均等人数。比赛双方要把对手连头带身体都按下水去，可以用手掀，也可以用脚踩，甚至连对方呛进海水也不顾，以连续按下三次或以对方主动讨饶为胜。比赛时只见一个个身强力壮的渔民赤膊露脚，互不相让，大有蛟龙戏水、翻江倒海之势。

与此相关的还有跳水与潜水。船上跳水以船甲板为跳台，有高台和低台之分。跳水比赛往往在同一条船上进行，以跳得高、姿势美、入海腹不击水、水花不高为优。潜水又称"水底攻"，此技能的形成与特定的生产方式有关。在舟山群岛的嵊山和东极等岛屿，有些大的贻贝生长在礁岩的底部，在海下三至四米处，采贝人必须潜入礁底才能采集到。

头顶空酒坛泅渡

捕鱼人以船为家漂泊四海，学会游泳是最基本的生产、生活需要，不会游泳算不上一个合格的捕鱼人。因此，游泳比赛独具魅力，令人称奇叫绝。最令人折服的是赛手头顶空酒坛，泅水越海赛。比赛时，有数名或数十名水性好的男儿，头上各顶一只空酒坛，一手把坛口固定在头顶上，另一只手和双腿划水泅渡。赛手游累时允许用双脚踩水直立水中稍事休整，但空酒坛不许从头顶上取下，也不许进水。早年舟山嵊山岛上举行头顶酒坛越海赛时，曾有一个水性好的渔民头顶空酒坛，从嵊山岛箱子番泅渡到构岛小石浦番，航程近3000米，酒坛中还不进水。如此高超泳技，非常人能及。

海滩摔跤与拔河

渔民在出海前为打发寂寞寻求乐趣，常常在海滩候船时进行摔跤活动。青年渔民性格豪爽、争强好胜，而沙滩又是绝好的摔跤之地，因此海滩摔跤在海岛十分盛行。而海滩拔河则是对海上集体劳作行为的一种预演和锻炼，因为海滩拉船、船上拉网等都要靠众人的齐心协力。海滩地面松软，即使有人因用力过猛而倒地也无妨，拔河双方的激烈场景常常引来众人的阵阵喝彩（图4-9）。

图4-9　海滩拔河

第五章 海洋民间信仰习俗

渔船信俗

在长期的历史发展过程中，广大民众自发产生了一套神灵崇拜观念、行为习惯和相应的仪式制度，这就是所谓的民俗信奉。民俗信奉是某一地区民众文化性格和社会心理形成的重要因素，体现着民众的生活理念和价值取向。浙江海岛人民在长期的生产生活中也形成了特定的信俗，渔船信俗便是其中很重要的一种。

节日供神

春节是我国民间社会生活中最重大的节日，人们通过劳碌来庆贺一年的收获，同时也迎接新年的到来，因此春节还是人们除旧迎新的节日。浙江海岛的渔民也不例外，在春节时，渔民会聚集在一起，用各种仪式来供奉祖先和神灵，感谢"他们"在过去的一年里保佑了自己，使自己身体平安，家财兴旺，并希望在新的一年中仍能保佑自己免受灾难，平安无事。这时比较富裕的渔家会多拿一些食物祭品，供大家一起享用。还有很多渔村的渔民会在此时操办婚丧红白事，同个渔村的男女老少会一起帮忙，这时几乎不分贫富人家，大家都能享受美食。这些习俗在今天的一些海岛渔村中仍有保留。这些看似一般的习俗实际上展现着渔民的团结精神，渔民们在海洋渔业捕捞这种高风险作业的环境中生存，需要这样的互助精神。浙江不同地区的渔民也有着不同的节日供神习俗。

对于宁波、舟山的渔民而言，每逢过年，渔船上都要张贴春联，祭船神。春联内容体现渔民们盼望"顺风顺水顺人意，得财得利得大时"的意愿。春节过后，渔船首航，渔民要到财神庙占卜出海的日子。每汛出海时要进行祝福或散福仪式，用猪头、全鸭、鲜血作供品，供毕，由船老大从猪鼻上割下一块肉抛入海中，之后大伙才可以分食供品。旧时渔船每汛出海生产前还要在船上祭告神祇，向神明行跪叩礼后烧化疏牒，称为"行文书"。再由船老大捧一杯酒泼入海中，并抛少许肉块入海，叫"酬游鬼"，以祈祷渔船出海顺风顺水。

渔船的起航和归航，有开海门和关海门的习俗。渔民们认为只有福运好的船才能领先出江出海开海门，并能确保渔船全汛安全高产，否则将适得其反，通常是在妈祖神像前卜杯择定福运。船归航时进港称"关海门"，在捕鱼生产中有人失事或遇到空船（海上发现的死尸）的船只，按惯例必须最后进港，以免日后遇上不吉利的事。

而在嘉兴地区，农历十二月二十四，渔民在渔船的锅灶前要摆供品，点香烛，以谢灶君。传说渔乡灶君是掌管鱼的，每年此夜为渔民开放鱼库时间。敬灶君时要选一条活黑鱼供祭，敬毕放生，以黑鱼游向决定年后第一次开船捕鱼的方向。新年第一天开船捕鱼，渔家在船头要放鞭炮、烧香，以求吉利。

海岛渔民的床神信俗也十分盛行。床神是住宅神中的重要神灵之一，它同灶神、土地神一样，有公婆两位，即床公、床婆（图5-1）。传说中的床婆贪杯，床公好茶，因此海岛上有"男茶女酒"之说。海岛的渔民在祭祀床神时，除了酒和茶以外，还有糕点和水果。意为糕点充饥，水果解渴，均不可少。当然，还要在床头、床后焚香，但不得燃点蜡烛，这也是特别之处。祭床的时间，均在正月十六晚。

图5-1　床公床婆

　　在海岛，祭床的频率还是很高的。除正月十六外，日常生活中安床、结婚、育儿、生病、丧葬等，都要祭床。如安床时，要按男女双方生辰八字、窗向、神位等来决定新床的位置，忌讳与桌柜衣橱相对，并要择吉日良辰进行。安床后，当晚要祭拜床婆。再如结婚时，新婚夫妻入洞房先要跪拜床神，然后才能安寝，希望床神保佑夫妻和睦，日子美满。产妇生下孩子后，要在产房设置床婆的神位，并要供祭香和糕点，由产妇抱着婴儿向床神跪拜，祈祷在床神保护下母子平安，婴儿健康成长。在海岛，婴儿出生后第三天，北方人叫"洗三"，舟山人叫"洗床"，这一天要祭床公床婆。祭祀的习俗也很特别，用两只酒杯合拢蒸糯米，米的上端要安放一粒红枣，"枣"与"早"谐音，寓意着婴儿早日成长，待放置锅里蒸熟后，供在床神前，然后分送给邻居的小孩，俗称"相谅盏"。到了婴儿满月那一天，还要有亲人执供奉于床神前的香，引婴儿到海滩去与大海结缘。结缘后，仍把香插在床头，此俗谓之"大海为床，蓝天做帐"。婴儿长大后，下海不会呕吐，划桨不会晕浪，这是因为他从小就视大海为床，对海上的风浪早就习以为常了。此外，海岛人或生病或丧葬，都有一套特殊的祭床习俗：如生病，海岛人棒打床神，逐邪鬼出床；如丧葬，到海边烧床单，叫床神引鬼魂入海。

床公床婆到底何许人也？海岛上流传着各种各样的传说。其中一个说法是，床公床婆指的是周文王夫妇。周文王活了97岁，生有99个儿子，后在燕山收养了雷震子，凑成百子之数。由于周文王人活百岁，生有百子，是多子多福的楷模，自然被渔民尊为床神。其中的原因，一是旧时渔民风险很大，伤亡过重，比内陆农民更需多子多福来支撑家庭；二是出自"姜太公八十遇文王"的典故，姜太公又是捕鱼人的先祖。至于其他一些说法，如认为床神是龙母，这是因为海岛流行的"洞房经"中把龙母作为渔家子女的大媒人，她为新人添置龙床、赠送凤被，因此信奉她。

新船点睛

渔民把渔船看成自己的伙伴，赖以生存的依靠，因此，对它爱护备至，并赋予它灵性，过去的每条木制渔船都要做一对凸出来像大鱼样的眼睛。新船造好后，只画眼，不画睛。下水之前，船主请人选择黄道吉日，届时，敲锣打鼓放鞭炮，船主亲自为新船点睛（图5－2），这标志着一个新的生灵诞生了。众人喊着"大吉大利"的号子，把披红挂绿的新船一步步从岸上移下海去。

图5－2　船主为新船点睛

　　渔船一钉上眼睛后，立刻变得更有灵气。当眼睛的中间位置被钉上银圆后，鱼眼异常闪亮、生动，船的灵气也呼之欲出。渔家有句俗语——"捕鱼人的命一只脚棺材里，一只脚棺材外"，说的是捕鱼人在海上作业风险极大。因此，船的一只眼睛紧紧关注着天，一只眼睛紧紧关注着海。渔民们相信，关注着天的眼睛能知风云变幻。关注着海的眼睛不仅能知道浪涛变化，还能知道海里鱼群的动向。其实，在旧时岁月里，要真正知道这些，还全仗船老大和听渔师的经验，船眼睛是渔家出海时的一种心灵的寄托和安抚。所以，船老大是具有绝对权威的，他说船往东，船员不敢往西，"老大"称呼名副其实。

　　船的眼睛在渔民眼里是有很高地位的，不仅制作用料来不得丝毫差池，而且船眼睛根据船只大小制作定型后，不是说钉上便可钉上的，要讲阴阳五行，还要请算命先生或去庙里择定时辰。渔家安装黑白船眼睛有阴阳协调之意，并用五色丝线扎在船眼上，以此代表金、木、水、火、土五行。

　　渔船下水前，渔民们都要将其精心打扮一番。在船头涂上红、黑、白三色，上书"天上圣母娘娘"，再用红黄蓝白黑五色彩布披挂起来。前后上下都有书写有字，船头书"虎口出银牙"；桅杆顶书"大将军八面威风"；船舵书"万军主帅"；船尾书"顺风相送"或"顺风得利"。出海时拣个逢双的良辰吉日，在一片锣鼓声、鞭炮声中，装扮一新的渔船带着渔民们的希望，八面威风地下水了。

　　值得一提的是，东海的渔民爱船胜似自己的性命，因为船在人在，船翻人亡，所以他们把船当作水龙，认为每条船都有自己的灵魂。为了寄托这种精神，渔民们便在水舱里安装一个船灵魂（图5-3），俗称"水活灵"。每当一艘新船的骨架搭成后，渔民便用一块小木头，挖个小孔，把铜板、铜钱或银圆等物放进去，当作船的灵魂，俗谓铜或银能镇邪驱灾，如果放进金器当然更好。有的地方还用妇女身上的东西或生活用品，如头发、手帕诸物，缚在铜钱上，一起放入小孔，俗谓女人身上的东西也有避邪的作用，然后用钢钉或银针把这块小木块钉在水舱里。至于船灵魂放在水舱里的原因是，船行于水，船灵魂（图5-3）放在水中就是活的生命了。

图5-3 已安装船灵魂的木龙

祭祀鱼神

渔师信俗是浙江沿海区域独特的信奉形式。渔师信俗起源于石浦三门湾海滩的海豚嬉闹进港。由于潮流的原因，海豚先行冲着港面游动，而后借着潮流转向港口，当冲着港岸时，满港的大小海豚酷似向港岸朝拜。百姓认为这一处土地竟然引来海豚的朝拜，必有灵气，便在这神灵之地建一渔师庙，以供奉渔师。浙江沿海的舟山、台州等地都建有渔师庙（图5-4），并在特定的时期内举行形式各异的祭祀仪式，如庙祭、滩祭与水祭等。

图5-4 台州大陈岛渔师庙

渔民对鱼神的尊崇和信奉也体现在渔船船头画中的海泥鳅和鳌鱼旗。在古代神话中，鳌鱼的鳌足能立四极，自然是条辟邪的神鱼；至于海泥鳅，传说中是东海龙王的外甥，统管鱼类的鱼皇帝，这两种鱼类都受到渔民的普遍尊崇。其实，鱼神的传闻早在我国古代就已经形成了。《山海经》中的海神禺京，有鲲鹏之变的神通，这是中国最古老的鱼神。

　　至于当代的信奉，舟山以鲸鱼为神。在舟山，渔民称鲸鱼为"乌耕将军"。旧时，每年立夏汛前后，有大批鲸鱼驱赶海豚横渡舟山海峡，致使鱼群涌至。渔民们敲锣打鼓放鞭炮，焚香叩拜，举行盛大的鱼祭活动，场面十分壮观。旧时，在舟山的渔民中还有一个鱼俗：船出外洋，路遇大鱼，即撒米粒，赠船旗，以求鱼神的庇护。据传，海上拦船的鱼神往往是些海和尚（民间传说中的海怪）似的癞头鼋，即大海龟。三月开春时，渔民们要尊出海看见的第一条浮出海面的大鱼为鱼神，对其祷告后才出海，否则，必遭大鱼所害。

　　浙江象山石浦渔民称渔师为"海神"。石浦港的渔师庙以鱼骨为栋，内塑渔师菩萨男女各一，男性被称为"渔师大帝"，女性被称为"渔师娘娘"。渔汛开始，石浦渔民们纷纷到以鲨鱼骨为栋梁的渔师庙祭拜渔师大帝、渔师娘娘，祈求一帆风顺、满载而归。虽然当时的渔师庙地处临海的山坡，建筑面积不大，但香火极旺。渔民首次出海拉网捕到鱼之后，首先要拣大鱼蒸熟盛于盘中，在船头奠酒焚香，祈祷龙王爷保佑自己海上发财。几条船在一起捕鱼的时候，谁的船先打上鱼来，就放鞭炮、敲锣鼓，并拣最大、最好的鱼供在船头。

浙江海岛渔民往往通过祭典、绘画、歌舞等形式来表达他们对吉庆有余、鱼丰人旺的强烈愿望。海岛人过年时，先要供祭太平菩萨和财神菩萨，而供品中必须有一盆鱼鲞或鲜鱼，并要安置在猪头之前的突出位置。渔民在海上捕上的第一条大鱼，必先供祭龙王和船神。至于日常的供祭，鱼是绝不可少的祭品。此外，在海岛，每逢春节、谢洋节等重大节庆活动时，渔民们都要用唱渔歌、舞鱼灯的方式来庆祝一番。舟山渔歌中的"鱼名谣""十二月鱼名调"等，都是在节庆的祭典仪式中演出的。

舟山渔民还把鱼神作为生育神来崇拜。这是因为鱼能大量产子，像大黄鱼一胎产子就达数千尾或近万尾。在沈家门，现今还流传着这样一种习俗：男女青年订婚，先由男方送两条怀子的大黄鱼到女方家，女方回礼时仍把这两条鱼送回来，而且鱼头要朝着男方家，示意女方嫁到男方"百年到老，多子多福，不再回头"。

神祇信俗

浙江沿海渔民宗教信仰具有相对集中和混杂的特点，以信仰佛教为主，临近福建省则受妈祖信俗影响比较大。在渔民比较集中的舟山地区，建有大量的宗教寺庙。据《定海县志》记载，当时舟山群岛上的宗教性建筑主要有五大类：最大类佛教寺庙占大多数，约300所；道教宫观约30所；供奉妈祖的天后宫约20所；海龙王宫约30所；另外还有约30所祭祀人物的祠庙。此外，还有不少土地庙、财神殿等。

从寺庙的数量上看，佛教寺庙占绝对多数，这反映了舟山地区信仰佛教的信徒占绝对多数，说明当地的渔民和农民一样以信仰佛教为主。但同时也存在其他寺庙，这说明渔民在主要信仰佛教的同时也混杂信仰其他宗教。不同宗教的寺庙混杂存在，表现出多种信仰相互融合的特征。虽然信仰的多元化现象在农耕地区也很普遍，但神灵信俗的混杂是浙江沿海主要渔业地区的信仰特点。

海洋渔业捕捞作业在大海上，远离大陆，四面环海，风大浪险，环境十分恶劣，而且在大海上缺少救助，因此渔民祈求太平和健康的愿望更为更强烈。当渔民们面临巨大的灾难而又无法与之相抗衡时，便会产生恐慌和危机感，极力寻找一种解脱的方式，只得把求生和丰收的希望寄托在神灵身上。因此便产生了各种海洋信俗，比如大慈大悲、救苦救难、普度众生的观音菩萨，保佑一方水土、发财致富的土地神，与渔民的生产和生活息息相关的海龙王，等等。所有这些，都是渔民群体信俗存在的基础。

在浙江舟山渔业地区，很多岛屿都有一岛多教、一庙多神等状况，如舟山地区的长白岛民众信奉的神灵有龙王、观音菩萨、天后娘娘等。在娘娘庙中不仅供奉了天后娘娘，另外还有送子娘娘、地母娘娘和天医，同一所庙中相安无事地供奉着不同的神像，凭信徒各取所需，各自信奉，烧香祈求灵验。而且不同宗教性质的寺庙相毗邻，如云龙庙（道教）和慈航寺（佛教）等混杂一起，渔民可以同时信奉不同的神灵。

渔村的信奉祭祀中包含有大量的民俗文化内容，不同的信俗，表现的形式也各不相同，也由此创造了各地区的特色民俗文化。由于各种信俗需要物化的表现形式，因此人们会将其表现于一定形式的祭祀活动中，如舟山渔区的跳蚤舞仪式、放太平焰、拜天地水三官仪式和福建沿海的送王爷等祭祀民俗活动，无不反映了渔民祈求平安、丰收、家和的精神寄托。也正因为传统民俗文化中混杂着各种信俗，民俗文化才生生不息。浙江渔民普遍的神祇信俗有龙王、妈祖、关公、观音、地方神灵等。

敬畏龙王

龙是先民幻想而产生的崇拜图腾，传说炎帝、黄帝、尧、舜和汉高祖刘邦的诞生、形貌都与龙有关。《道经》载四海龙王及下属小龙185位；《佛经》有八大龙王、十大龙王之说。唐宋以来历代帝王封龙王为王爵，下诏设坛、祭祀诸多典制；宋徽宗还宣诏封青龙神为广仁王、赤龙神为嘉泽王、黄龙神为孚应王、白龙神为义济王、黑龙神为灵泽王。渔民们祭龙王、挂龙旗、划龙舟、玩龙灯，把龙当作保护神，以求避邪御凶、吉祥如意。

龙王是中国沿海渔民最早崇信的海神。渔民向龙王祈求海面风平浪静，鱼虾成群，平安出海，满舱而归。长期以来，浙江沿海居民对龙王充满着无限的敬畏，为其建庙修宫举行祭典。如清康熙《定海志》记载，定海各区有龙王宫24个，而到了民国初年达到48个。具体的习俗丰富多样，主要体现在龙王宫设置、龙王寿诞和龙王出巡习俗方面，也体现在海岛人渔业生产活动中的祭典习俗以及渔民人生礼仪和日常生活中的龙王习俗等方面。

在舟山，海龙王是舟山渔民心目中的大海之神，于是靠海吃海的渔民们把自己的命运寄托在了海龙王身上。正因为有了海龙王信俗，舟山逐渐形成了"出海祭龙王、丰收谢龙王、求雨靠龙王"的习俗，处处充满着浓郁的龙崇拜、龙信俗氛围。历史文献中很早就记载了舟山的龙信俗，随着这种信俗不断发展，舟山民间对于海龙王的信奉不仅仅表现在内心，更是把这种信奉带进了生活、生产习俗之中。据史料记载，宋乾道五年（1169年）皇帝曾下诏在舟山公祭东海龙王，此后，地方官定于每年六月初一为公祭龙王日，这更引发了民间祭龙王的热情。现在，在岱山、定海、普陀、嵊泗均分布着大大小小的龙王宫、龙王庙等相关建筑，用以祭拜海龙王（图5-5）。祭龙王（俗称"谢龙水酒"）便是舟山民间十分重要的祭拜仪式，在每年的农历立夏，渔民先在龙王宫（殿）进行祭拜，后移至海边临时选定的祭坛（或渔船甲板）进行祭拜。目的是祈求东海龙王或四海龙王

图5-5 龙王阁

保护渔船及渔民在海上平安、一帆风顺、满载而归。渔民们也都十分注重祭拜龙王的仪式，正规的祭拜过程就有十三条规矩。这十三条规矩分别是：

（1）选祭坛，立图腾：渔民简单地将图腾以龙王神位（一长方形黄宣纸，俗称"码"，上书"东海龙王"或"四海龙王"）代替，放置于上位。

（2）备旗类：一般为五种类型：龙旗——红绸或黄绸制作的绘有龙形的旗帜；令旗——从普陀山寺院菩萨处请来的黄色三角旗，写有"令"字样；船旗——红色黄字，上书船东或船老大姓氏；五色旗——由红、黄、蓝、白、黑五色组成，表示多个自然岙同盟；彩旗——颜色多样，上书"一帆风顺""满载而归"等字样。

（3）上供品：三杯茶，六杯酒，五牲（全猪或猪头、全羊、全鸭、猪肝、猪肚，俗称"五牲"），六荤六素（意为"六六大顺"）或十荤十素（意为"十全十美"）。荤菜为鱼肉鳌蛋等，忌鸡，"鸡"与"欠"谐音，寓意不吉利；素菜要用金针菇或木耳封顶。还有六盘水果（时令水果），六冷盘（必用生盐、水豆腐、黄糖），六盘各色糕点（连糕、雪片糕、双层糕、白节、油枣等），六盘干果品（桂园、红枣、荔枝、大核桃等）。酒类必用黄酒，渔民戏称海中捕鱼是与龙王赌博，黄酒颜色混沌，龙王爷喝了眼睛看不清就会自己认输（图5-6）。

（4）祭器：供桌为元宝桌、八仙桌、画桌（含桌帏）。盛器用大小祭盘、红蓝花碗、红蓝盆子，另备蜡烛台（含蜡

图 5-6 祭拜龙王的供品

烛)、香炉(含高香或黄香)、拜伏凳、金箔等。仪式移至海边搬运供品时,小祭用篮子装,大型祭海用扎有红蓝绸布的木质扛箱装。

(5)渔具为样桅,即溜网在海中作业时的标志杆。作业时插于渔网边的棕绳上,周边扎上多彩的菜花,然后让杆子根部插入礁石间固定,上部随网漂浮在海面上,以便渔民识别位置。

(6)祭文如下:"维神德洋寰海,泽润苍生。允寰水土之平,经流顺轨。广济泉源之用,膏雨及时。绩奏安澜,占大川之利。涉功资育物,欣庶类之蕃昌。仰藉神庥,宜隆报享。谨遵祀典,式协良辰。敬布几筵,肃陈牲币。"

(7)响器:使用两面对锣,每次连敲数响。供品进宫时敲锣,供毕,移至祭地沿途,祭品进入祭坛或船甲板时连敲,摆上供品燃烛时连敲,三巡置酒每巡连敲,祭毕要敲得最响。出门、沿途、上祭台、三巡酒及祭毕时,还要鸣放鞭炮。

（8）乐舞：小唱班奏乐，乐器以民乐为主。民间艺人助兴表演舞蹈，以舞龙、舞狮、调马灯、调花船等为主。

（9）祭者：主祭一人，系船老大或船东；辅祭或陪祭若干人，系船东亲属朋友，或有生意往来的老板客人；轮祭则为同船或同舲渔民。

（10）三献礼：一献香烛——主祭在辅祭、陪祭的陪同下来到祭坛（台）前，手执点燃的三炷高香，面向龙王神位（图腾），跪中央拜伏凳上拜祭；辅祭（陪祭）跪至主祭两侧或后排，在司仪者三叩首的号令中逐一行礼。二献菜肴——由祭者将酒菜从帮衬者手中接过，递至头顶端过后放置于供桌上（俗称"献菜"）。三献黄酒——由主祭向龙王敬酒三巡（俗称"垫酒"）（图5-7）。

（11）祭毕：把祭桌上所有祭品每样拿少许放于一酒杯中，随酒菜一起抛向高空洒入海中，意为告知龙王，并奉敬海

图5-7　祭拜龙王的盛大仪式

中游魂。此时对锣长敲，鞭炮连响，乐舞大作。

（12）祭礼忌讳：祭祀时女性勿拜，祭者均属男性，须虔诚肃静。

（13）休洋后，生意好的船东老板请外地戏班唱庙戏，以答谢龙王爷，同时犒劳诸渔民伙计、父老乡亲，直至下一渔汛始。

相信妈祖

人们将我国沿海地区民间信奉的航运海事女神称之为"妈祖""妈祖婆"。

海神妈祖原名林默（960—987年），出生于福建莆田湄洲岛，生前乐于行善济世，常在海上救助遇险船民。她死后，人们为其立祠祭祀，称她为"通贤圣女"，以表示感念并祈求佑护。以后各个朝代帝王对其也都有褒封，从"天妃""天后"直到"天上圣母"。南宋洪迈编撰的《夷坚志》中写道："凡贾客入海，必致祷祠下，求杯珓，祈阴护，乃敢行。盖尝有大洋遇恶风而遥望百拜乞怜，见神出现于樯竿者。"清代姚福均的《铸鼎余闻》中云："能乘席渡海，人呼龙女。宋太宗雍熙四年升化湄洲，常衣朱良，飞翻海上，土人祀之。"相传其能预测天气、指导航海，还精研医理。从宋到清，林默被历代皇帝敕封28次，清康熙、乾隆年间被尊为"天后圣母"。

妈祖信俗以福建莆田、台湾最盛，沿海地区建有大量的妈祖庙。妈祖信俗的发源地虽然是在福建莆田地区，但随着妈祖信俗的传播，妈祖逐渐成为东南沿海地区的共同信俗。除了福建、广东以外，浙江沿海信奉妈祖比较集中与兴盛的地方，遍布着妈祖庙、天妃宫、天后宫、娘娘宫等。宁波象山的昌国、石浦、东门、南田、晓塘、定塘、大塘、涂茨一带，历史上均有祭拜天妃的庙宇，其中宁波的甬东天后宫是浙江省现存规模最大的天后宫。甬东天后宫始建于清代道光三十年（1850年），占地近4000平方米。后来，天后宫成为航运史上北方船帮的议事中心，被称为"庆安会馆"，其精美的砖刻门楼、两对龙凤石柱及大批精巧的木雕石刻保留至今。庆安会馆现为浙东海事民俗博物馆，是展示浙东地区妈祖信俗、海事民俗、会馆商贸活动及其建筑艺术特色的场所（图5-8）。

图5-8　宁波庆安会馆妈祖像

浙东地区位于中国海岸线的中部，就自然环境而言，其海上贸易和海洋运输业的发展有利于妈祖信俗的传播与兴盛。据专家研究，浙东是最早接纳妈祖信俗的地区之一。据考证，宁波的妈祖庙是湄洲祖庙在福建莆田以外最早的分庙，尽管它没有那么有名，但由于浙东一带航海业和海上捕捞业的发达，其妈祖文化也形成了自己独有的体系和特色。

　　宁波象山的妈祖文化是一种典型的信奉民俗，其中以东门岛妈祖信俗、延昌老街妈祖—渔师信俗、渔山列岛妈祖—如意信俗为代表。东门岛妈祖信俗以东门岛妈祖信俗活动为核心，包括东门妈祖庙、东门庙、王将军庙、东门城隍庙的常年活动。延昌老街妈祖—渔师信俗以延昌天妃宫（妈祖庙）和石浦渔师庙活动为核心，包括两庙的活动以及延昌街的传统鱼灯舞、马灯舞、细什番演奏等民间活动。渔山列岛妈祖—如意信俗文化以渔山岛如意娘娘庙为核心，包括东门岛妈祖庙、台湾台东富岗新村海神庙的妈祖、如意往来省亲迎亲习俗等。渔山娘娘庙如意信俗已有300多年历史，其母庙在渔山岛，已流传至台州的椒江、温岭、三门及台湾台东富岗等渔区。

　　1955年，盘踞在石浦镇的国民党军队逃往台湾时，将石浦镇渔山岛的487人全部强行带到台湾，安置在台东县富冈新村。临走时，虔诚的渔山岛人带走了保佑全岛村民平安的神灵——供奉在渔山岛娘娘庙的如意娘娘。离开家乡的石浦人思乡心切，多年来始终坚持讲石浦话，行石浦习俗，称富冈新村为"小石浦"。近年来，象山石浦和台东富冈新村交往增多，每年的开渔节都有双方的亲人过来参加，民间也举行了

"妈祖·如意省亲迎亲仪式"（图5-9），成为增进两岸血脉联系的纽带。

图5-9　象山石浦—台东富冈"妈祖·如意省亲迎亲仪式"

　　舟山群岛的妈祖信俗是随着渔业生产的发展而逐渐发展起来的。清代仅定海本岛就有供奉天后的庙36个。到了民国十二年（1923年），定海境内有名望的天后宫达到83个。在舟山，目前有记载的最早的天后宫是嵊泗县的小洋山天后宫（图5-10），建于南宋绍兴元年（1131年）。同海龙王信俗一样，舟山人民对妈祖的信奉逐渐渗透到人们的生活、生产之中。在普陀青浜岛，当地居民在大年三十会推举一位德高望重的女性为妈祖净身换装。渔民出海之前，除了祭拜海龙王之外，也会祭拜其他海神，其中不可忽视的便是妈祖。渔民出海前都会到天后宫或妈祖庙等海神娘娘庙去进香火，祈求娘娘保佑出海平安、收获丰厚，这样的习俗也一直留存到了今天。

图 5-10 嵊泗小洋山天后宫

在浙江温州洞头县同样存在着妈祖信俗。东沙妈祖宫建于清乾隆年间，是浙江省尚存规模最大、构建最完整的妈祖庙，有近300年历史，是浙江妈祖庙中唯一的省级文保单位。目前，温州洞头县全县6个乡镇建有妈祖宫12座，供奉妈祖与陈十四娘娘的庙也有十几座。洞头渔民每逢造新船，要在船中舱设龛供奉妈祖。渔汛开始和结束的时候，渔民们都要到妈祖庙祭拜。每年农历三月二十三与九月初九，各妈祖庙都要举行隆重的祭祀仪式，主要有祭典、做供、妈祖平安出巡以及迎火鼎、做戏等民俗文化活动，参与信众遍及全县93个渔村，为洞头渔区信俗活动的最大盛典，2009年被列入浙江省非物质文化遗产代表名录。

崇拜关公

关公，即关羽，三国蜀汉山西运城人，曾被曹操拜为偏将军、封汉寿亭侯，后为蜀汉前将军，死后追谥为壮缪侯。关羽从侯到公、从公到君王、从君王到大帝被逐渐神化：宋代被封为"义勇武安王"，被列入国家祀典之列；明代被加封为"三界伏魔大帝神威远镇天尊关圣大帝"；清嘉庆、道光年间被封号"仁勇威显护国保民精诚绥靖翊赞宣德忠勇神武关圣大帝"。民间信其有掌管风雨的法力，风里来水里去的渔民便把他当作保护神，祈求祛祸消灾、平平安安。

自宋代以来，小洋山至嵊山一带海域，渔舟商船日益见多，主要有八闽、东莞、宁波、温州、台州、苏州、太仓等地渔民、商贾，起初在自己船上设神龛舱，供奉关帝塑像。后因南宋灭亡，为避免被元朝统治者加害，将其改为关圣殿。而大洋岛上的关圣殿，至今仍香火不断。泗礁岛上现也有关帝殿，供有关帝塑像。每逢过年，嵊泗渔民还喜欢在居宅正室厅堂供奉关帝画像，并配以条幅。正月初一清早，海岛上家家户户门上恭恭敬敬贴上两幅关公像，表达了渔民企盼关公护佑、顺利太平、招财进宝的愿望。

信奉观音

观音原是印度婆罗门教、印度教中象征慈悲善良的善神，其原形为一对神力高强的孪生小马驹。释迦牟尼创建佛教时，将双马变成慈善菩萨马头观世音；佛教徒将其人格化为威武的伟丈夫，并创造出转轮圣王无净念太子不拘的新身世；佛教传入中国后为满足民间信众需要，世俗化为大慈大悲、救苦救难的女菩萨；唐代因避太宗李世民讳将"世"字免去，改称观音。

其实，观音菩萨信俗能顺利进入舟山，并最后形成"岛岛建寺庙，村村有僧尼，处处念弥陀，户户拜观音"的现象，与舟山独特的海岛自然条件有关，对大海有着密切联系。舟山四面悬海，岛民以舟为车，日日与海相伴，对大海有着复杂的情感。舟山得天独厚的渔业资源，自然地使海洋渔业生产成为古代舟山群岛人民维持生存的最佳手段。人们出入于浩瀚无垠的大海，饱受着大海的惠赐，有着丰收的无比喜悦；也经历大海变化莫测的凶险，承受着种种不幸的痛苦。他们面对着大海，迫切希望能有一个超凡的力量来保佑他们的幸福和安宁，于是具有大慈大悲德能的观音菩萨正好符合了舟山岛民的殷切期盼。

普陀山观音像面部慈祥，往往与海有直接联系：法雨寺九龙殿观音像足踩一条海鱼，被称为海岛观音；梵音洞庵观音像与鳌鱼相连，被称为鳌鱼观音；紫竹林禅院用缅甸白玉雕成的观音像底座，呈海涛波浪状；而新造的露天观音菩萨铜像面朝大海，与四周大海日夜相伴。舟山群岛的观音菩萨称谓也与海有关，信徒称其为"南海观音"。另外，因普陀山雄踞海中，菩萨来山都要漂洋过海，故又称漂海观音、慈航观音。不肯去观音专指唐咸通四年（863年）日僧慧锷留下的那尊不肯渡海去日本的菩萨。

普陀山每年会举办独特的观音香会。每年农历二月十九观音圣诞日、六月十九观音成道日、九月十九观音出家日为普陀山三大香期。农历三月十八日，普陀山三大寺例行祝诞普佛和观音法会，香会期间，各地信众及游客渡海蜂拥而至，晚上数千人在圆通殿内外坐香，齐诵大悲观世音名号。

敬仰地方神

舟山民间本土的保护神——羊府大帝

相传清乾隆年间，浙江舟山有位船老大姓羊，他在海上救人无数，死后被玉帝封为海神，掌管海上的生死。乾隆二十年（1755年），当地百姓念羊老大生前广积阴德，自发募资为其立祠，在岱衢洋西岸的东沙角铁畈沙小岙山麓建造了羊府宫（图5-11）。羊府宫正面为大

图5-11 舟山羊府宫

殿五楹，供奉羊府大帝和娘娘神位；左右厢房各两间，塑有曹班判官神像；中建戏台一座，戏台前建有山门，上悬书写"海不扬波"的匾额；门外竖旗杆一对。这是东沙现存较为完整的古老的寺庙之一，也被称为舟山的妈祖庙。舟山渔民对羊府大帝极为敬重，羊府宫长年香火不断。每年渔汛，东海渔民争相来到羊府宫烧香，祈盼海神保佑他们海上作业风平浪静、满载

而归。若遇风浪大作、渔船未归之日，渔民家属抱子携女来羊府宫进香，祈求海神降福消灾，保佑其亲人平安归来。

嵊泗的仁慈神——洋山大帝

洋山大帝信俗起先为舟山嵊泗县小洋山岛民所特有，后过往渔民商人泊舟时，亦往洋山大帝庙祭拜，遂逐步传播开来。洋山大帝信俗源出南北朝陈后主陈叔宝祯明二年（588年），运粮漕官李讳散粮救岛民而自尽的事迹。岛民为感恩其救济大德，在岛上立一小庙祀奉，香火不断。至唐贞观年间，又新建洋山大帝庙，迁至小洋岛观音北岗下。之后洋山大帝庙毁于"文革"中。"拨乱反正"后，岛民又捐款新建洋山大帝庙，庙虽不如原来规模宏大，但也香火颇旺。庙内除供奉洋山大帝塑像外，另又增供一尊娘娘像，人们尊其为"洋山大帝娘娘"。正殿门外另立小庙，内有一泥塑白马，谓之洋山大帝神骑（图5-12）。岛上渔民还精心雕制了各类渔船模型，供于洋山大帝庙正殿两侧，意作洋山大帝出海坐船。到现在，信奉洋山大帝的人依然很多。据渔民介绍，每年渔汛丰收后，他们总要前去拜祭洋山大帝，送上一些供品，一则聊表谢意，二则祈求再得庇护、出海平安丰收等。

图5-12　舟山洋山大帝

普陀陈财伯公

陈财伯（原名陈财发），清朝后期福建惠安贫苦渔民，懂天时，识潮流，独驾小舟捕鱼糊口。相传有一天，陈财伯出海捕鱼，突遇强风暴，不幸覆舟于东极海面，他凭借一身泳技，死里逃生登上荒岛庙子湖。陈财伯为使东海渔民免遭风暴之灾，遂定居荒岛，栖身岩洞，务农糊口，砍伐柴草备作燃料，每当风暴将临，他便在山上燃起大火，指引海上的渔民回港避风，数十年间，获救渔民无数，渔民视之为"神火"。陈财伯去世后，为感谢他的救援恩德和助人为乐、无私奉献的精神，渔民尊称他为"财伯公菩萨"或"财伯爷"。财伯公菩萨像所穿的是东海渔民传统的大襟布衫和大裤脚龙裤。他的事迹逐渐被演化成"青浜庙子湖，菩萨穿龙裤"的脍炙人口的渔谚，流传四方。至今，陈财伯墓依然保留得比较完整（图5-13）。

图5-13 舟山陈财伯公墓

嵊泗船菩萨

旧时，东海渔船后部的专供船菩萨的圣堂舱（图5-14）会供奉神像和辅神千里眼、顺风耳，张贴"顺风顺水顺人意，得财得利得万金"对联和"海不扬波"横批。

据舟山渔民介绍，圣堂舱内设有神龛，供着船菩萨神像。船菩萨

图5-14 专供船菩萨的"圣堂舱"

有男也有女。嵊泗的船菩萨以男者居多。船菩萨两侧有两个小木人，一为顺风耳，一为千里眼。关于船菩萨是谁，说法不一。一说男的是关云长，因关云长刚烈忠义，为渔民所崇拜，又称其为"船关老爷"；一说男的是鲁班，因为第一条船是鲁班造的；还有一说是定海白泉的捕鱼能手杨甫老大。关于女菩萨，一说是宋朝的寇承女，一说是圣姑娘娘。渔民信奉的菩萨有两种类型：一是讲信义、崇豪侠的，一是聪明机智、捕鱼技术高超的。

洞头陈十四信俗

陈十四娘娘名"进姑"，又名"靖姑"，福建古田县临水村人，生而聪颖，幼悟玄机。唐代宗大历元年（766年）正月十四出生，故名陈十四。陈十四生前除妖护民，故人们

膜拜她为女神（图5-15）。

洞头全县有12座陈十四庙宇，霓屿太阴宫是洞头县历史最悠久的陈十四庙宇。数百年来，洞头海岛祭祀陈十四娘娘已经成为当地人们的习俗。每年正月十四陈十四娘娘诞辰之日均有善男信女成群结队前往宫庙祭祀。

图5-15 温州洞头陈十四娘娘

而霓屿逢60年一届的"太阴圣母陈十四娘娘平安出巡"活动，更是盛况空前。出巡一般定在正月十五左右。出巡队伍约300多人，出发时吹起号角，大锣开道，礼炮齐鸣，整个出巡队伍浩浩荡荡，场面十分壮观。所到之处，家家户户像过年、过节一般，张灯挂红，燃地火相迎，并选一广场，集中接受缘金，祈求神灵保佑。一届的出巡祭祀活动持续三年方宣告结束，其出巡路线和持续时间之长，在国内甚为罕见。

一般来说，人们供奉自己信奉的神佛，都会有相应的庙宇。信奉妈祖的，有妈祖宫；供奉陈十四的，有太阴宫；崇拜关公的，有关公庙；等等。然而，在霓屿岛却流传着这样的特例：有一部分人信奉神佛，却没建相应的宫庙，而是把神佛放在家里供奉，并形成了一种特殊的习俗——"吃佛头"。

由此可见，现存浙江海岛民间信俗的有关海洋的神灵存在许多不同种类。但神灵虽多，却不显混乱。从舟山民间海洋宗教信俗的整体情况看，海龙王信俗和妈祖信俗占主要地位，且其历史都十分悠久，影响范围也远胜其他神灵。从民间祭拜情况来看，也可以说明这一点。在舟山所属四区，用来祭拜海龙王的宫殿、龙宫数不胜数，供奉妈祖的庙宇也比比皆是。在特别的节日，如龙王生日和妈祖生日则更会举行较为盛大的祭拜活动。

此外，信奉神灵虽多，但是也有地域之分。海龙王信俗和妈祖信俗是舟山渔民普遍信奉的信俗，当然也就无所谓地域之分了。而其他神灵，羊府大帝信俗主要分布在岱山；供奉关帝和洋山大帝的主要是嵊泗渔民的信俗；对陈财伯公的信奉则主要分布在普陀青浜庙子湖一带；船菩萨信俗虽然分布比较散乱，但是嵊泗的船菩萨却有自己独特的特点。浙江的其他海岛也有多种民间信俗并存的情况，体现出浙江海洋民间信俗的独特性。

第六章 海洋民间禁忌习俗

海上生涯，颇多风险，正如一首民谣唱的："茫茫大海没有边，孤舟无依浪里颠。脚踏船板三分命，七分交给龙王管。"在这种特殊环境中进行生产的渔民，不仅希望鱼虾丰收、满载而归，更把祈求平安吉利作为最大的心愿。为"保平安，图吉利"，渔船上就有了诸多禁忌，这些禁忌成了渔民们约定俗成的规矩。

渔民的生活禁忌

渔民出海打鱼都要拣日子。"初五二十三，神仙出门挈空篮"，意思是农历初五和二十三是万万不能开船出海的，这两个日子就连神仙都是空篮而归，何况那些打鱼为生的凡夫俗子。除了初五和二十三，其他日子虽然都可以出海，但必须在出海之前请菩萨（图6-1，图6-2）。船老大一早先在自己家里请菩萨，再到庙里和船上请菩萨，并将鱼肉等供品带

图6-1 船老大在忏念平安

上船，出海后让船员分享，相当于让每个人都吃了一颗定心丸（图6-3）。

图6-2　家属在默默祈祷

图6-3　船上请菩萨供品

渔民上船后，不穿鞋，不洗脸，无论冬天或夏天都穿单裤。春汛时，船老大穿长裤，弟兄伙计穿短裤，据此一眼就可看出谁是船老大了。众船员对船老大特别尊重，平时与之见面或相别，都要客气地说声"顺风"或"满载"；坐席时，端菜上桌，要将鱼头对着船老大，寓意船老大能揪住鱼群之头。在渔船上，船老大坐首席；倒酒，要先倒给船老大；发烟，要先从船老大发起；喝酒、吃菜都要等船老大先开始；睡觉，船老大也要睡"上翘"①；船员见了船老大面要主动敬呼"老大"。

船上吃饭有固定的座位，不得随便乱坐；菜碗放在正中，各人只能吃自己一边的菜，不能吃对面或两边的菜；船上不可搁腿坐；坐船板不可以把腿垂下；不可在船头小便，两侧小便以船梳为界；不准用大土箕等不干净的东西装鱼，不准用脚踢

——————————

①上翘指船上翘的部位，如船头。

黄鱼；船与船之间在海上一般不借东西，若非借不可，则先以柴送给对方，俗称"拨红头"；东海渔民还有不进产房之俗，妻子生产，渔民便先把自己衣服拿出，不然认为这衣服不干净不吉利。

在渔民眼里，外人脚不洗干净不得上船头，妇女则不准坐船头。开船时不准讲话，更不准问到哪里去和什么时候到等类话。若鱼从岸边跳舱，忌食，要放生；鱼从江心跳舱，可食。

在日常生活中，渔民的禁忌语也不少。无论是大海上的渔民，还是江湖上的渔民，都忌说"倒""翻""搁""没有"等词，忌做倒翻的动作。"倒掉"称"卖掉"，"翻个面"叫"转个堂"，"搁"称"放"，"没有"叫"满发"，"扫帚"称"关老爷刀"，"矮凳"叫"狗儿"，"碗"称"生存"，"水"叫"青山"。舀去船舱中水不能叫"刮水"而要说"抲水"，因为"刮"意味着"刮风掀浪"。就连地名石浦也不能叫"蚀浦"，而要叫"赚浦"。渔村骂人最歹毒的一句话是"挖海底泥"，意即人葬海底，除非双方仇深如海，否则这句话绝不能轻易出口。碗不能倒扣；鱼不能翻身，要从上到下顺着吃；睡觉不准俯卧；筷子不能搁在碗口上；鱼卸完了，不能叫"完了"，而要叫"满了"。总之，忌不吉之语，以保平安和丰收。

渔船上的禁忌

在宁波象山石浦，船上的忌讳确有好多，其中就有吃鱼不能翻身之说。为什么不能翻身呢？翻身意为翻船。渔民出海，要和风浪搏斗，风险巨大，翻船是头号的忌讳，渔民们最希望的是船只能平稳归来。同样，在船上饭碗、酒杯、羹匙等餐具也不能倒放；筷子不能搁碗上，忌讳船搁浅；吃鱼要先吃鱼头，意为一帆风顺；剩饭剩菜丢弃到海里，不能说"倒菜"，要说"过鲜"，忌讳倒掉；双脚不许荡船外，免得被拖下水；不许吹口哨，忌讳招风引浪；不许拍手，忌讳两手空空；船到岸时不能说"到了"，忌讳船倒了；船头不许撒尿，出网时不许大小便等。因为船头是整条渔船最神圣的部位，渔船靠岸都用跳板与码头连接，是渔民上下船的唯一通道，人在船头不能讲脏话和晦气话。如果有人内急，憋不住在船头小便，那可就犯了大忌，必定会被船老大骂得狗血喷头。

东海渔民出海前，船上之物只准进，不准出。进为得利，出则失利，非常讲究。晚上渔民若误将自己的铺盖或食品递错了船，则不能归还，食物按折价给钱，铺盖则返航后再归还。当然，在海岛，最具特色的还是鱼崇拜中的辟邪行为，如送鱼要成双成对；吃鱼要从鱼头吃到鱼尾，示意捕鱼有头有尾，头尾顺利。

早晨渔船开船时也有一定的讲究。渔家晨开船如欲转回，不能立即调转船头，须绕路回摇，寓意"好人不走回头路"；晨开船如见狗或蛇或鼠在河里和船头游过、野鸭飞过，均视为不吉。第一网捕鱼，如捕到鲤鱼，认为是"鲤鱼跳龙门"，兆丰收；如捕到黑鱼，则是喜兆；如捕到白鲞，认为是恶兆，尤忌白鲞跳进船舱，如遇白鲞跳进舱即割下鱼头，可免不吉。捕到的鱼头上有斑点，兆"生意就在近几天"；鱼尾有斑点，兆

"生意在以后"；鱼身有斑点，兆"生意旺在中旬"；正月里捕到身上有斑点的鱼，则预兆六月里捕鱼丰收。船靠岸并准备过夜时，要将篙子在船头左右划三划。忌用铁链系渔船。渔民认为养鸭吉利，故船上都养鸭，并将其系在船艄，谓"有尾"；又认为鸭养在船尾，可"压后艄"。

　　渔民如果不幸在海上死亡，其他人要替死者"引魂"回家，收殓入棺安葬。海上或江上如遇见"无主船民溺死"，都要打捞遗体，此举称"积德积福"。然而，在渔船上救人也有一定的禁忌。渔民见有人落水，不论什么人，当救不辞，这种抢险救难的良风美俗流传久远，但救险的方法却有种种俗规。如遇死人，若是朝天的女尸或伏身的男尸不能捞，要等海浪将尸体翻过身后才能捞。捞尸时用镶边篷布蒙住船眼睛，以辟邪气。捞上尸体俗称"拾了个元宝"。无主尸体需运回陆地埋葬，葬地多集中一处，谓之"义地"。渔船在海上如遇触礁或漏水等海损事故，遇难者要先在船头显要处倒插一把扫帚，然后在桅杆顶上挂起破衣，以示遇难求援；若是晚上则点起火把，敲打面盆铁锅呼救。其他船见求救信号后，须全力援救。当救护船只靠拢遇险船只时，先抛缆救人，后带缆拖船。遇险者跳船或跳礁岛时，要先把鞋子、柴片丢过去，然后人才可以跳上去。

　　渔民不仅善于捕鱼，也懂得保护鱼资源，这一点尤其表现在民间举行的鱼会上。鱼会一般在农历三月间的某一天举行，具体日期要视鱼情而定。届时，尽管满江满河都是鱼，但正值春鱼产卵时节，民俗规约此时禁止捕鱼，人们也都自觉地收网，让大大小小的鱼儿满江游弋、满河追逐，谓之"鱼会"。鱼会的由来，相传与东海龙王的生辰有关，据说农历三月某日是其生日，天下江河湖海一切水域的水族都得出水向东朝拜。此时，龙王正派出许多巡水夜叉游视，既显示了龙王的威风，又保护其水族臣民在寿诞期间不受伤害。凡违抗者，均要被夜叉拖下水去溺死喂鱼。于是人们均在此日忌捕，以贺鱼会。

对渔妇的禁忌

在浙江海岛的旧俗中，妇女是不允许登上渔船出海捕捞的。新船下水到出海期间，船主不进妻子产房，连妻子经期也不得入内。祭祀时，女性勿拜，祭者均为男性。中华人民共和国成立后，这种陋习破除，但对妇女上渔船至今还是有着一些禁忌。

渔民出海时，船上不能坐七男一女，据说这与八仙有关。相传有一次八仙要去海上蓬莱仙岛，铁拐李把自己手中的拐杖变成一艘大龙船供大家乘坐。航船中，大伙一时高兴，韩湘子吹起了箫，曹国舅打起了响板，张果老敲起了渔鼓，何仙姑和蓝采和唱起了歌曲，吕洞宾舞起了剑，汉钟离则摇着扇子助兴，一时间热闹非凡。没想到这齐奏的仙乐震动了东海龙宫，惊动了龙王的第七个儿子花龙太子。他见何仙姑色艺皆绝，就兴风作浪，把她抢入龙宫。七位大仙一见大事不好，便各自举起法宝，一齐杀向龙宫，救出了何仙姑。从此以后，花龙太子便怀恨在心，每见有七男一女同船出海，便要兴风作浪，肇事寻衅。于是东海渔民便有了出海船上不能坐七男一女的禁忌。

　　船上禁忌习俗形成的原因，主要是人们对自然灾害的畏惧、对平安生产的祈求。旧时浙江渔民生产工具简陋，又缺乏必要的通风和气象预报条件，在茫茫大海上讨生可比虎口夺食，因各种原因造成的大小海难时有发生。渔民既感恩大海的慷慨赐予，又惧怕大海的暴戾无情，逐渐在生产和生活中形成了许多特有的禁忌，并进而演变为一种约定俗成的规矩。但从生产安全和谨慎行事的角度看，这些禁忌也有它积极的一面。随着科学的不断发展，如今海岛全面实现了机械化，大型的渔轮和运输船基本上由原木质船体转变成钢质船体，行船方式和生产技术实现了现代化。但是，部分历史遗留的海洋民间禁忌习俗至今仍被海岛人所沿用。这些海洋禁忌习俗经过千百年的演化，有些不合理的已被抛弃，有些能在生产生活中发挥积极功用的逐渐被留存下来。这些约定俗成的规矩隐含了渔民们祈求平安、趋利避害的心理。

第七章 海洋民间文艺民俗

浩瀚深邃的东海海域，不仅蕴藏着丰富的海洋资源，更孕育了别具特色的海洋民间艺术。丰富多样的海洋民间艺术是渔乡人民在长期的社会实践中形成和发展起来的一种特殊的社会文化现象，凝结着渔乡劳动人民的智慧，渗透着渔乡劳动人民的思想感情，表达了渔乡劳动人民朴素鲜明的审美观念。

民间故事与渔谣渔谚

民间故事和渔谣渔谚是口头民俗的重要组成部分，也是海岛民俗文化的最好观照。浙江民俗文化源远流长，正如民俗学家钟敬文先生所说："浙江自古经济、文物发达，其民间文化在我国长江流域文化中具有典型性。"世代靠海为生的浙江海岛渔民所创作出的那些凝结着勤劳和智慧的口头民俗，亦是浙江民间文化的一个杰出代表。

海洋民间文学艺术作为人类海洋文化创造的一种形态，记录和展示着人类海洋生活史、情感史和审美史，是人类海洋文明发展史上重要的精神财富。这些流传于浙东沿海及岛屿的民间故事、民间歌谣、民间谚语，深刻地反映了浙东人民群众团结互助、诚信谦虚、扬善弃恶的传统美德，集中地体现了浙东沿海渔民热爱劳动、为追求美好理想而艰苦奋斗的创业精神，以及劳动人民在海洋生产、生活中敢搏风浪、善驾风向、勇斗海天的聪明才智。

民间故事

民间故事是人类文化史的一个重要部分。这些从远古时代起就在人们口头流传、以象征的语言形式讲述的故事，从生活本身出发，但又并不局限于真实生活，在民间广为流传。

浙江渔乡的民间故事内容丰富，而对渔民来说，他们终年与海打交道，对大海最熟悉，也最具情感，因而最擅长讲述海洋民间故事。按照内容的不同，这些海洋民间故事大致可分为海洋神话传说、渔民生活传说、海洋动物传说以及海洋风物传说。

海洋神话传说

海洋神话传说是海岛民间故事中最为重要的一类。在东海沿海渔乡关于各种海神的民间传说广为流传。位于东海区域的舟山渔场有着广阔的海域和众多的岛屿，因此在传说中舟山渔场自然成了龙的理想居住地，那里流传着许多海龙王的传说。这些传说不同于内陆的龙故事，具有独特的海洋特征。

在海龙王的传说里，我们可以发现一个完整的龙宫体系。从尊贵的东海龙王到龙子龙女，还有龟丞相、鲌太尉、鳝力士、鳊提督、鲤总兵等水族兵将，一应俱全。而关于海龙王的传说也是各不相同，比如在舟山地区就有着三条大龙的传说：灌门龙王、桃花女龙和岑港白老龙。

灌门在舟山定海西南海域，水势险要湍急，素有"老大好当，灌门难闯"之说。传说明成化年间，干览有一个叫梁璋的人，生活贫苦却乐于助人，后得道士点拨，获神通法术。有一年，逢舟山大旱，梁璋在泉水潭边搭建祭台以其祈雨之术求得大雨，解除了旱情。次年六月初一，梁璋仙逝。在入殓时，人们发现梁璋手心有"灌门龙神"四个字，遂称梁璋为"龙王爷"。泉水潭也被称为"干览龙潭"，潭水常年不干。每年的农历六月初一，也成为舟山很多地方祭祀龙王的日子。在桃花女龙与岑港老龙的传说中，龙王在人们心目中威望很高，是法力无穷的庇护之神。

在嵊泗列岛，民间自古认为海就是龙的世界，而嵊泗即为东海龙宫之所在，嵊泗人则是海中蛟龙的传人。传说嵊泗诸岛是为鳌鱼所驮，在大鳌鱼腹下，则是东海龙王的水晶宫。东海上有座东京城，东京城里有个昏君，强娶东海龙王的三女儿为妾，并燃火煮海。东海龙王大怒，令驮岛的鳌鱼转侧鳌背，淹塌东京。龙女不愿无辜城民受难，扮成渔姑暗送消息给城中的卖鱼郎。得此消息的卖鱼郎背负老母，和乡亲们一起逃亡。暴风推着海潮汹涌而来，陆地变成汪洋大海，而人们歇脚的山巅则变成高低大小不一的海中绿岛，形成了404个岛屿，即为现今的嵊泗列岛。

海龙贵为海内天子，有降福于民的一面，但也有其喜怒无常、兴风作浪的一面。而观音则是大慈大悲、救苦救难的女性海神形象，是人们灾难中的庇护神。中国四大佛教名山之一的普陀山坐落于舟山群岛，信奉观音成为舟山群岛民众最为重要的民间信俗。渔民们终年出没于惊险莫测的大海，自然需要一种超自然的力量来保佑他们的平安，而观音所具有的无边法力以及大慈大悲的德能，正符合渔民们的心愿，于是就形成了具有鲜明海洋特色的观音信俗文化。许多的民间传说就充分体现了观音信俗文化与海洋文化的相互渗透。在浙江舟山群岛流传的观世音传说非常之多，有的描述了观世音的身世，如《火烧白雀寺》；也有不同形态、不同法相的观音传说，如送子观音、扬枝观音、鱼篮观音、千手观音和不肯去观音等等；也有的传说讲述了观世音的无边法力，如《观音收金刚》；也有的以诙谐的口吻赋予观音人性的一面，如《菩萨打赌》等。

　　海外仙境传说也是海洋神话故事的一个主要题材。关于徐福东渡，早在许多史书上均有不同记载（图7-1）。而在浙江岱山的民间，千百年来留下了徐福三下蓬莱岛的传说。蓬莱岛上留下的徐福种子，以及岱山境内的海天一览亭、紫霞洞与徐福之间的故事，无不诉说着那段遥远而神秘的历史，甚至岱山常见的瓜子苋（即马齿苋）、灵芝都相传为当年徐福采回的仙草。

图7-1　徐福东渡

其他海洋传说

在东海沿海渔乡，还流传着许多反映普通渔民生活以及渔民对美好生活向往的民间传说。温州地区洞头流传着许多这样的故事，比如一个关于渔民来历的传说。相传一条狗无意中治好了皇帝的顽疾，皇帝只好兑现之前的诺言将公主许配给它。他造了一只大船，让公主与狗一辈子在船上生活。到成亲那日，狗开口讲话对公主说："我跳到海里，你不要出声。"于是狗就往海里一跳，没想到这一跳，狗竟然变成了一个白面书生！公主就和这个书生在船里成亲了。夫妻俩过世后，他们的儿孙后代都靠打鱼为生，这才有了专门的讨海人。

海洋是一个浩瀚的动物世界，自然也少不了关于诸多海洋生灵的传说。它们以海洋动物为主人公，以拟人化的手法，形象地反映了人们的思想感情和各种社会现象。形形色色的海洋动物，诸如鱼虾龟鳖，都有着不同的故事。海洋动物故事一般分为两类。

第一类是用来解释鱼虾龟鳖等动物的外形或是生活习性的由来。温州洞头就流传着很多鱼类的故事。例如，《鱼类的来历》讲述了世代靠打鱼为生的东海渔民们认为鱼也是女娲用泥土造的，鱼鳞、鱼鳍的来历以及鱼类的区别等在故事中均有解释。又如《虾子做媒》《鲍鱼背锅子》等栩栩如生地讲述了鱼类的很多有趣故事。还有大量的鱼类故事带有寓言童话性质。《癞头黄鱼》的故事讲的是黄鱼与箬鳎鱼赛跑，黄鱼傲气十足，猛冲猛闯，一头碰在礁石上，碰得头破血流，头里嵌进两粒石头（石首），至今还取不出来；箬鳎鱼投机取巧，想走近路，心急慌忙地钻进一条石缝，刮去了半边鳞，至今还有半边身体长不出鱼鳞；站在一旁看热闹的虾虫潺，见两个赛手一起受伤，幸灾乐祸地哈哈大笑，笑得合不拢嘴巴，成为"拖嘴虾虫潺"。故事把三种鱼的特征、性格都形象化地告诉给了读者。类似这样的故事还有《梅子游大海》《带鱼舞师》《群鱼斗黑鲨》《鲥鱼投亲》，等等，都含有丰富的知识和趣味性。诸如，海蜇为什么自己没有眼睛，要"海蜇行走虾当眼"？为什么说"鲳鱼真笨，枉自称能，好缩勿缩，自送性命"，而"鲥鱼更笨，锋快腹棱，好进勿进，挂网送命"？为什么凶猛无比的黑鲨鱼竟会被小鱼、小虾、蚌蛤、青蟹打得落花流水，遍体鳞伤，浑身是沙？这些故事，既说明了各种鱼类的习性，又向人们揭示了善者受尊敬、恶者遭唾弃、骄者必遭殃的哲理，给人以启示。

第二类故事是用拟人化的手法，以各类海洋动物之间的曲折关系反映人类社会的各种现象，例如《墨鱼治鲸》《想吃海鸥的鲨鱼》等。比如舟山民间故事中，有许多反映渔民生活情趣的故事，诸如《鱼哪里最好吃》《状元老爷与抲鱼阿毛》《二浆团打赌招亲》等，都是赞美渔民聪明才智的故事。还有一类专讲渔民风格与精神的，如财伯公菩萨的故事讲述了老渔民财伯公为渔民点火引航；《岑港白老龙》的故事是说龙的化身杨甫老大替渔家捕鱼；《船眼睛的来历》是讲渔民期望自己有一双能看穿海底的眼睛，以求多捕鱼、免灾难的心愿。还有《龙王输棋》《渔翁得印服龙王》等故事都是反映渔民群众天不怕、地不怕，敢与龙王争高下的无畏精神。

海洋故事当中的风物传说也很受欢迎。渔民们终日与海相伴，他们熟悉海中每一个岛屿、每一块礁石，所以他们说出的每一个海洋风物故事都栩栩如生。如《半屏山》讲述了半屏山为什么只剩下一半，《仙叠岩》讲述了这座岩为什么会叠起来。如今这些动人的风物传说，成为海洋旅游文化中的一个亮点，为游客们增添了一份乐趣。

渔谣渔谚

海岛渔民们在长期的生产实践中积累了许多宝贵的经验。由于渔民们大多没有文化，只能靠口授言传把这些经验传给后人，于是便形成了独特的渔谣渔谚。渔谣渔谚通俗易懂，内容多以反映渔民贫苦生活以及与渔民生产生活息息相关的鱼汛等相关知识，而所要表达的情感无外乎两类：一求平安，二求多产。根据内容，渔谣渔谚可分为以下几类。

第一类是反映渔民生活疾苦的渔谣渔谚。旧社会渔民们在岸上遭受渔霸、渔行主的欺压，高利贷的盘剥，而同时在海上终年漂泊，遭受风暴袭击和海盗打劫，生活境况惨淡不堪。于是许多的渔歌渔谣便是对其生活的真实写照。"睏睏活动床，喝喝薄粥汤"，反映渔民睡不好、吃不饱的漂泊生活；"前面有风暴，后面有强盗"，则反映了渔民遭受自然和社会的双重压迫；"三寸板内是娘房，三寸板外是阎王"，反映海上捕鱼生活生死未卜的命运。当然也有惬意之时，"六月老大蓬下坐，朝廷宰相弗如我"，表现了渔民乐观豁达的生活态度。

第二类是关于海岛气象的渔谣渔谚。它反映了潮候、海流以及其他气候变化与渔业生产的关系。在驶航和捕鱼过程中，渔民要密切注意天气的变化，所以，海岛气象谚语十分丰富。谚语说：木帆船出海"一靠风、二靠潮、三靠使橹摇"；"涨潮（时）潮勿涨，渔船莫出洋"；"浑水泛泡，趁早抛锚"；"东风带雨勿拢洋，扭转西风叫爹娘"；"带子雾露猛东风，呒郎向盘轧勿准"。这些都说明海上天气变化莫测，要多从坏处考虑，不可大意。

渔船出海最怕遇到风暴与暗礁，风暴必然引起巨浪。所以，谚语说："船怕横浪"；"东北风，浪太公"；"东风来，浪窜顶；西风来，潮转正"；"东风浪淘底，西风浪刨面"。

渔民出海捕鱼，靠的是祖祖辈辈留下的渔业经验，渔歌渔谣中有很多关于鱼汛、潮汐的表述，如"初三水，十八潮"，"初三十八，昼平夜拔"讲的是农历初三、十八这两日潮差最大。

第三类是记录在渔业生产中渔民世代积累的知识。此类渔谣渔谚从侧面反映了季节与海洋生物的关系。因为舟山的海洋捕捞渔业在宋代已初具规模；清康熙年间以后，渔船成倍增加，渔业十分发达，所以关于渔民出海作业的丰富经验充分体现在各种渔谣渔谚中。

各种鱼类有着不同习性，有经验的渔民们把这些习性编成渔歌渔谚，代代口耳相传。"冬鲫夏鲈"说的是鲫鱼冬季最肥，鲈鱼夏季最壮；"八月蛏，剩根筋"，是说蛏子最肥在端午前后，八月转瘦，霜降前后产卵，是最瘦的时节。

第四类渔谣渔谚展示了人生哲理，借物揶揄与戏谑于人，充分展示了渔民们的生活智慧。"话船犹话舵，话你犹话我"，意指船之航行全凭舵来把握方向，借此喻示当听到别人受到批评教育的时候，也好比是在批评教育自己，可以从中受到启迪，引以为鉴。"好人三个帮，好船三个桩"，讲述了一个人如有三个人结伴相帮，他将受益匪浅的道理，"三人同行，必有我师""三个臭皮匠，抵个诸葛亮"说的也是这个道理。此外，有些渔谚还蕴含了一些典故与传说。"青浜庙子湖，菩萨穿龙裤"（图7-2），龙裤是渔民特有的服饰，菩萨怎么会穿龙裤呢？这句渔谚讲的是一位居住在青浜庙子湖海岛的老渔民拯救海上船只的故事。

图7-2　穿龙裤的菩萨

上述东海民间故事和渔谣渔谚具有浓郁的海洋特色、强烈的生活气息和独特的艺术风格，内容丰富，表述生动，反映了东海渔民的劳动和生活、爱憎和悲欢，以及海洋生活的惊险与艰难。这些故事和谚语大多具有口语化、地方化的特点，语句精练，艺术性强，是海岛人民多年生产、生活的实践经验总结，是劳动人民的智慧结晶，从古到今，世代相传。

渔歌号子与民间舞蹈

歌舞是人类与生俱来的用来抒发感情、传达信息的一种艺术形式，不同的地域拥有从内容到形式、从韵律到风格各具特色的民间歌舞。浙江渔乡的渔歌号子以及形式多样的民间舞蹈，便是渔民们在长期艰苦生活以及辛勤劳作过程中集体创作的一种民间艺术形式。

渔歌号子

渔歌号子是一种有着鲜明海洋文化特色的劳动号子。它是一种植根于渔乡人民的物质生产和精神生活的民间音乐。世代以捕鱼为生的渔民们，终日在崎岖的山路上抬网挑物，在码头上背运货物，在渔船上升篷、起锚、收网。这些原始的高强度劳动，需要大家步调一致、齐心协力，于是在生产劳动中自然伴生了渔歌号子。通过放歌哼调，能够起到调节精神、鼓舞劳动热情、抒发情感等作用。而由于渔歌号子源于海洋渔业劳作，具有鲜明的海洋文化特征，故又与搬运号子、作坊号子等其他劳动号子既有联系又有明显的区别。

一方面，渔歌号子源于海洋渔业生产，又服务于海洋渔业生产。其实质是渔业集体劳作过程中指挥与被指挥、命令与服从的关系体现，是统一步调、统一意志的手段。渔歌号子必须由一位经验丰富、具有权威的领头人或是船老大负责领唱，并不是有副好嗓子就可以领唱。领唱的人就是指挥，唱出的号子就是命令，这就是渔歌号子的首要功能——实用功能。

另一方面，渔歌号子作为民间音乐艺术的一种表现形式，同时具有强大的娱乐功能，其统一的节奏能大大减轻劳动者的体力消耗，宣泄劳动者的情绪，使劳动者焕发劳动热情。尤其是舒缓号子和娱情号子，其娱乐功能则更为明显。

随着海洋渔业劳动方式的逐渐现代化和高科技化，需大家合力参与的繁重体力劳动逐渐减少，因而一些流传千百年的传统渔歌号子其实用功能也逐渐丧失，存在的意义也随之减小。但是，作为一种在人类艰苦创业过程中产生的浙江本土民间艺术形式，传统渔歌号子还是具有极高的历史价值和艺术价值。

渔歌号子产生之初，其主要功能是在渔捞作业中统一步伐、协调动作，因而根据不同的劳动形式和强度，也变奏出多种不同形式的渔歌号子。从功用上分，海洋渔歌号子一般有摇橹号子、划船号子、打撅号子、拉船号子、拉网号子、拉包号子、起锚号子、讨口彩号子、抬船号子、蹬船号子和娱情号子等。相较而言，各地数量较多的是摇橹号子。从节奏上分，渔歌号子有急号、中号、缓号；又有近洋、远洋、海上、陆上和大小长短等区别。

急促号子的节奏非常紧迫强烈，坚定有力。领唱与合唱衔接紧凑，给人一种透不过气来的感觉。渔船在海洋中航行，若突遇紧急情况，生死存亡之时，号子就是命令，就是组织协调动作的总指挥。此时的摇橹号子急促紧迫，曲调坚定有力，一气呵成，具有万众一心、众志成城的气势。当然，在紧张繁重的劳作中也会经常使用急促号子，如在两只船协同奋力打撅时，就唱急促的打橛号子。劳作时极为紧张，不可停顿犹豫，以防止木橛作废，这时所唱的打橛号子就成了急促号子。

舒缓的渔歌号子不像急促号子那样激烈紧迫。其特点是节奏自由而不散，用力点明确，如拉船号子唱时，领唱者站在船头，用手中的木棒敲打船体，发出咚咚的响声，用以加强节奏，协调动作。领唱之后，船两侧的渔民们便手扳船帮，在和声中一齐用力拉船。

东海渔乡的渔歌号子曲调风格粗犷豪放，纯朴直率，歌谣内容与传统海洋渔业生产及渔村人民生活息息相关。东海渔歌号子从歌词内容和功能上有统一劳动节奏的，有抒发渔民冲天豪情的，也有反映东海民俗风情的，等等。那些雄壮奔放或抒情豪迈的渔歌，不仅体现了渔民豪爽、粗犷和开朗的性格，也体现了海洋文化的壮美风格，亦能在瞬间把人们带到那战风斗浪、惊心动魄的场景中去。

渔民号子伴随着渔民的劳动而歌唱，首先是以"沙啦啦啦、嘿作嘿作、阿加雷、阿加罗"等语气词为主，比如《摇橹号子》中唱到："摇啊摇、摇啊摇。摇进晚，饿夜饭，摇进早，酒吃饱，老绒抱抱上眠床"（图7-3）；又比如象山石浦的短号，用于摇橹等劳动场景，对唱形式短促有力，内容以身边

图7-3 老渔民在唱摇橹号子

人与事为主，又不乏生动诙谐，如"加把油啊，发大财呀！大阿嫂啊，生得好呀"等。

长号形式为一人领、众人和，多用于起锚、起篷、拉网、吊舢板等劳动，长号无词。其中以起篷号内容最为丰富，由水手领班领号，全部水手（除老大外）一齐参加（图7-4）。一曲号子两三分钟，可随劳动时间反复。领号者用手势指挥和号者就位，统一拉绳动作，从艺术表演的角度上说，具有场景观赏性。如今在各级文化部门的重视和推动下，逐渐消亡的渔民号子又重新得到了传承与发展（图7-5）。

图7-4 舟山老渔民叶宽兴在渔船上唱渔民号子

图7-5 舟山非遗下船头——叶宽兴教唱渔民号子

除了渔歌号子以外，《行船歌》《摇橹歌》等也颇有特色。《行船歌》描写的是从宁波甬江口虎蹲礁到象山石浦铜瓦门的沿途景象：

> 虎蹲、铁链路太多，对面站着老太婆（礁名）。
> 宁可家里被火着，不可戈门走落北。
> 小小金塘洋一片，大小黄牛浮水面。

杜泥、大猫平平牵，长柄嘴头潮水健。

小猫、青龙、汀子尾巴长又长。

驶过青龙路两条，双子、象港任你挑。

倘若侬要朝南开，佛肚小山迎面来。

双子港阔水又深，南口遥望东硅门。

东硅门下野猪（礁名）村，乱礁洋面碎纷纷。

一盏灯笼浮水上，羊背山西道人港。

大漠二目三岳站，龙头嘴下半边山。

淡港门对秤锤礁，朝西就是铜瓦岛。

　　而《摇橹歌》则将奉化渔船出海所经过的滩、礁、山、港都记叙得清清楚楚：

桐照开船发西风，盘出悬山船尾送。

风小还可挂镶边，篷花山嘴横面前。

白石北边洞峙塘，乌沙隔壁是淡港。

圆形小山是兀峙，南北两面随你驶。

帆礁鹊礁黄牛礁，汀子尾巴东北翘。

鹊礁嘴头海沟深，直落就是东硅门。

青龙羊礁小猫迎，朝东就到马蹄门。

鲁家峙牵龙鼠山，登步嘴望筲箕湾。

筲箕乌沙隔山嘴，北是黄礁南乌硅。

乌沙门外朝东看，尖头小山是洋鞍。

《渔嫂歌》是渔歌中抒情的精华，它歌词朴素，感情真实，曲调凄婉，唱吟起来如泣如诉，把妻子在家思念、牵挂、担忧丈夫之情表达得淋漓尽致。当初渔民从农历九月出海要到次年五月才解网归家，中途极少返家，渔嫂们对外出捕鱼的丈夫很是牵肠挂肚。20世纪70年代以后，机帆船、铁壳渔轮逐步替代了老式木船，渔船作业基本实现机械化，洋面作业时间大大缩短，渔民的人身安全得到了有力保障，渔嫂们担惊受怕的日子一去不复返了。因而幽怨凄凉的《渔嫂歌》渐渐被人淡忘，至20世纪末，《渔嫂歌》已很少有人唱起。

民间舞蹈

东海渔乡的民间舞蹈产生之初，多限于行艺求乞，后发展为在海岛的迎神赛会以及喜庆丰收时的表演，以祈神保佑渔民出海平安、家宅兴旺。舞蹈种类众多，有跳蚤舞、龙舞、蚌舞、灯舞、秧歌、高跷等。

跳蚤舞

跳蚤舞又称"跳灶舞"。本来是在海岛迎神赛会、喜庆丰收时表演的一种民间舞蹈，后来发展成每年农历腊月二十三民间祭灶仪式时的舞蹈，以示辞旧迎新祈福。

这一民间舞蹈约产生于清乾隆年间，最早流行在定海、沈家门一带，因其舞姿酷似跳蚤而得名。节目原无人物情节，只有两位舞者跳跃逗趣。1922年，舟山白泉境内教书先生章孝善将民间传说"济公斗火神"的故事情节融入其中，有济公与火神（女角）两个人物形象，济公穿僧衣戴僧帽，腰系草绳，手握破扇，一闪左一闪右阻挡火神行进；火神身穿红绿花袄，一手握一柄花伞，一手提一香篮，一闪右一闪左躲着济公前进，构成"驱赶火神，祈求太平"的意境。在舟山各渔岛饰火神的均是该岛最漂亮、最出众的姑娘，饰济公的是岛上惯于演滑稽具有幽默感的中青年渔民。在众多的海岛广场文艺样式中，跳蚤舞历来是最受群众欢迎的娱乐节目（图7-6）。

图7-6 舟山跳蚤舞

跳蚤舞的特点就是诙谐幽默、活泼欢快：跳似跳蚤，转似旋风，灵活而有节奏。以浑厚有力、变化多端的鼓点烘托，动作富有弹性，表情诙谐。因为跳蚤舞需要的空间小，在舟山的各个港口休整、补给物资时，船员会在空闲娱乐时在船头跳这种舞，甚至还有类似现在"斗舞"的比赛，看谁跳得好、跳得高。舟山渔民自然就学习了这种舞蹈，渐渐流传开来。

跳蚤舞的舞蹈音乐是用鼓和锣、钹、小锣演奏而成。节奏简单如下：

‖：锵冬锵｜锵冬锵｜锵八隆冬｜锵0：‖

不断反复。到紧张时，速度加快，鼓点如下：

‖：锵冬冬｜锵冬冬：‖｜锵八隆冬｜锵0‖

灯舞

灯舞在浙江沿海城乡流传甚广，其形式有船灯舞、鱼灯舞、鸟灯舞、车灯舞、马灯舞等。这些灯舞的一个共同特点就是表演时载歌载舞，内容多为表达浙东沿海人民向往幸福生活的美好愿望，祈求风调雨顺、五谷丰登、出海捕鱼安全返航、吉祥如意的心愿。以下是船灯舞与鱼灯舞的具体介绍。

（1）船灯舞

该舞主要流传于象山、宁海、奉化等地。其船身以竹竿木片扎成，中间设一台，分男女两船，男船阁内坐书生，船尾船公持桨。女船阁内坐女郎，船尾船娘持桨。两船的下部均用绘以水纹的蓝布帷遮盖，不露表演者足部。船灯舞表演时，每船前后两人，扮演各种人物（图7-7）。同时，这种船灯舞还可在广场、空地载歌载舞地表演，用于欢庆捕鱼丰收、祈水、行会等场合。其舞蹈动作为船行中圆场，台步变化并加入似船行驶的舞步，时而八字朝

图7-7　象山石浦船灯舞

外,时而内八字朝里,时而横队,时而纵队,边歌边舞,变化多样。宁海船灯舞的伴奏音乐多为宁海平调中的曲牌,乐曲一般都热闹欢腾,其伴奏乐器有大锣、大鼓、大唢呐、笙、板胡等。

（2）鱼灯舞

温州乐清鱼灯舞通常以十二盏鱼灯组成一队,俗称"十二化龙"。鱼灯是仿照江海中几种鱼类形状制成,纸糊篾骨,以彩色绘鳞,上留口子,中间插蜡烛照明,下装木柄,供巡行或舞蹈时握持。洞头海岛的鱼灯舞比较出名。人们表演各种鱼类的个体和群体的泅水等动作,舞蹈造型十分丰富,有黑鱼灯、鲳鱼灯、黄鱼灯、龙虾灯、螃蟹灯等。并制成十条兽面鱼灯,即金龙鱼、银龙鱼、双合鱼（一身两头,合二而一）、虎头鱼、象头鱼、麒麟鱼等,保留了古代浓厚的神话色彩。鱼灯舞里有一些翻滚跳跃的动作,就像海里的鱼,十分形象,非常有趣味性。宁波象山石浦的鱼灯舞也是每年开渔节期间的重要表演项目,渔姑渔嫂们手持造型各异的鱼虾蟹贝灯,给现场营造了浓郁的海洋气息（图7-8）。

而在浙江台州的玉环岛,每逢春节,岛上处处鼓乐喧天,各种灯舞精

图7-8　象山石浦鱼灯舞

彩纷呈。除了龙灯、马灯、八蛮、狮子等兽形灯舞之外，渔民最偏爱的要数西台鱼灯了。

旧时，每逢新年，坎门渔乡各家各户的大人长辈，都要为儿孙们购置一只小纸灯，或自制较小型的鱼灯，俗称"灯笼仔"。每到天黑，渔家小孩们就将灯内插烛点亮，在村口路头等着鱼灯队，然后成群结队地尾随着鱼灯队，使得鳞鳍闪烁的鱼灯队后面，还拖着一条长长的灯"尾巴"。当鱼灯队在海滩、晒场、庭院或街口戏舞时，场外是一圈由小灯围成的灯墙，煞是好看。史书《玉环厅志》中有一段记述："制禽兽鳞鱼各种花灯人家串演戏阵，笙歌达旦，环观如堵。"说的就是这种情况。

鱼灯队的各种灯具都备双数。舞灯人各执一具鱼灯，分成两个顺序对应的队列。随着欢快热烈的吹打乐声，各队列中的海豚先行亮相清场，然后由龙珠导引，鳌龙登场，各种鱼灯尾随而出。围绕鳌龙抢珠这一故事情节，舞灯人脚踏碎步或小跑步，手举鱼灯轻轻摆动，模仿鱼类在水中悠游的姿势，或首尾衔接，招招摇摇；或交叉回环，鱼贯而行。其主要阵式有流水阵、跳龙门、走四角、五路梅花、十字交叉等。

鱼灯舞的主潮是衔珠。这时，张着大口的"龙头"已将龙珠"衔"在口中，舞珠人席地而卧，仍仰举着龙珠，躲躲闪闪，企望挣脱；其他鱼灯环绕周围，或推波助澜，或结伙嬉闹，整个场面紧张气氛骤增，动人心魄。围观的人一边喝彩，一边把鞭炮、火花、焰火等"火力"集中射向场中。这时，只有压阵的海豚可以保护其他舞伴，将可能造成伤害的鞭炮扔出场外。

　　这种习俗性娱乐活动，据说可以追溯到海洋渔民早期的图腾崇拜，起源于对海龙的敬畏、崇拜以及对被捕获物的祈祷和对获得丰收的祈愿，既有娱神的功能，又能自娱。随着社会的进步，这种巫的意识已被淡化，鱼灯舞表现了"吉庆有余（鱼）"和丰收的喜悦；在新年的活动中，又包含着"连年有余（鱼）"的寓意。鱼灯队所到之处，鼓乐喧天、鱼跃龙腾、金鳞闪烁、银鳍熠熠，一派欢乐、喜庆的节日景象，一幅欢快、祥和的渔区生活画卷。

　　以前，鱼灯舞的舞台一般设在村前空地或沙滩，村民们四周围着观看，共有25条鱼（图7-9）。现在的鱼灯舞改在舞台表演，同样由传统的锣、鼓、镲、唢呐以及号角配乐，但经精

图7-9　象山六月六庙会——鱼灯舞

简后只有18条鱼。首先，鱼群按序排列出场。表演者站底马八字脚功架，手举鱼灯配合音乐，模仿水中鱼类各具特征的摆动姿势，一会儿形成鱼贯状舞姿，环绕四周，做出产沙、跳跃等动作，有如踏浪凌波或推波助澜，或结伙嬉闹，整个场面动作交叉回环，体现一种与世无争、安宁祥和的海洋世界。接着，响起一声雄亮而悠长的号角，在一阵激昂紧凑的鼓乐声中，俗称"霸王鱼"的黄鳢角出场，它在鱼群中上下穿梭而舞，表现了鱼群在海洋世界里遭受到弱肉强食时的搏斗情景。最终，鱼群联合起来，赶跑了黄鳢角，恢复了海洋世界的和平与安宁。

（3）鸟灯舞

每逢农历十二月十二的夜晚，温州洞头鹿西岛上的居民都会举行舞鸟灯活动，这一习俗至今已沿袭400多年，有其特殊的历史文化内涵。鸟灯以竹篾扎成飞鸟的形状，外蒙白纸，涂上各种颜色；讲究的，还用鸟的羽毛粘贴。鸟灯较普遍的有孔雀灯、白鹤灯、海鸥灯、海燕灯等，鸟灯内竹横档上可插蜡烛。鸟灯的表演有特定的阵式，先以金龙、银龙领头，分两队游走穿插，巡游在村舍小路上。各种鸟一会儿作飞翔状，一会儿作歇息状，有时引吭高歌，有时昂首仰望，栩栩如生。巡游队伍进入较为宽敞的场地后，锣鼓响起，灯队便按照元宝阵、五星阵、天下太平阵等不同的阵式进行表演。锣鼓声时快时慢，忽缓忽急；舞灯者双脚踏着锣鼓点，双手舞着鸟灯，高低盘旋，左右飞翔；阵式时时变化，飞鸟穿梭腾跃，动作舒展自如，表演连贯娴熟，整个场面十分活跃。百鸟灯游舞时的器乐伴奏是传统的打击乐器，即鼓、钹、锣三种，锣鼓欢快热烈。参加百鸟灯活动的各村氽群众，身穿黄色黑边的传统衫裤，腰系一条宽约50厘米的黄色黑边丝绸带子，带子上绣有鸟纹，装束显得简洁利索。

打莲湘

打莲湘也称"铜钿花棍"，原是乞丐来舟山海岛求乞时拿拐棍边舞边唱的一种行乞舞（图7-10）。后来岱山的民间艺人将其作为庙会时的娱乐性舞蹈来演出，迄今已有近200年的历史，目前还流传在岱

图7-10 打莲湘

山长涂岛、东剑岛、秀山岛、高亭镇等地。过去，岱山、舟山、宁波等地习俗大致相同，每逢丰收之年，人们为了庆丰收，总要举行各种迎神赛会，岱山有十八大庙，庙会名目繁多，内容相当丰富。庙会时包括打莲湘在内的各种舞蹈应有尽有，行进时，人们一路吹吹打打，热闹非凡。

打莲湘的早期雏形是莲花落，由一男一女表演，表演者口唱"莲花落"，手拿"铜钿花棍"，分别在臂、肩、腿、脚上敲击，动作比较简单，唱词也是一些吉利话。舞蹈节奏明快，表演自然洒脱，在庙会中打莲湘多和马灯舞伴随演出。热烈奔腾

的马灯舞过后，打莲湘以轻松活泼的表演风格出现，这两种风格相异的民间舞蹈相映生辉。

打莲湘伴唱音乐除了马灯调以外，还有新年调、小娘子割草调、抬贷调、漂白纱调、堂门叹苦调等。内容有恭贺新年、恭喜发财的，有表现夫妻依依难舍之情或青年男女谈情说爱的，有妓女叹苦的，有反映风土人情的，十分丰富。由于这些小调来自民间，群众很熟悉，往往能即兴伴唱，增强了表演者与观众之间的感情贯通，深受群众欢迎。近年来，渔业生产连年丰收，渔民的生活大大提高。为了丰富群众文化生活，每逢春节，退休老渔民便自发地组织马灯舞和打莲湘，并在全村进行表演，所以打莲湘至今仍保存较为完整。

民间曲艺与民间鼓乐

民间曲艺又称民间说唱，它以说唱为主，包括一些表演因素的口头艺术形式。在中国，曲艺是与戏曲同源异流的姊妹艺术。据不完全统计，全国有300多个曲种。曲艺是以说、唱、数为手段，生动、通俗、富有趣味地叙述故事情节，刻画人物性格的艺术。浙江沿海与海岛民间曲艺品种主要有瀹州走书、象山唱新闻等。瀹州走书、象山唱新闻影响较大，流传较广，似唱似说，颇具艺术感染力。而民间鼓乐则体现了浙江沿海各地鲜明的海洋特色。

民间曲艺

瀛州走书

瀛州走书是流传于舟山群岛的一种古老的海洋民间曲艺。舟山古称瀛州，故名瀛州走书，源于19世纪初定海马岙，清嘉庆年间，由民间艺人安阿小带到六横嵩山大支村落脚，故也称六横走书。初为自击自唱的单口说唱曲艺，内容以短词为主，原为一人自鼓自唱，后汲取戏剧中的走、唱、念、表相结合的表演手法，将单档坐唱改为两人或多人演唱。常规演出为一人主唱，辅一到两人伴奏（帮腔和笛）。其基本调为慢调与急赋，另吸收其他曲乐中的二簧、流水等曲调，内容朴实、歌词清晰。四工合帮腔为其特性音调，以唱、表白、演为主要表演形式，表演者服饰道具有长衫、扇子、手帕、静木。伴奏乐器原是竹根笃鼓、笃板，1963年开始加入二胡等乐器伴奏（图7－11）。

图7－11　舟山瀛州走书

1911年，民间艺人沃阿定较系统地整理出金龙鞭等20多部大型传统书目，同时创作了许多以农村题材为主的开篇性曲目，既丰富了瀛州走书的曲目，也使这古老的曲艺品种增添了当代生活气息。1940年，瀛州走书第五代传人虞定玉对瀛州走书的曲调进行了一次改革，加入二胡作为伴奏乐器，并改动了曲调的旋律。瀛州走书曾在舟山群岛广为流传，之后流入镇海、鄞州一带，经过不断地丰富和发展，逐渐演化成蛟川走书。1970年，舟山的文艺工作者对这一古老的曲艺品种做了多次整理改编，加入琵琶、扬琴等多种乐器伴奏，还增加了人声帮腔，并将其搬上舞台演出，改称"舟山走书"。创作曲目《筑海塘》还参加了浙江省文艺调演，使这一古老的海洋民间曲艺之花以新的面貌展现在舞台上。20世纪80年代后，由于种种原因，这一艺术形式已在舞台上绝迹。21世纪初，为重拾这一古老的民间表演艺术，文艺工作者又相继创作了瀛州走书《买木梳》《号子声》，无论是思想性还是观赏性，都比过去进了一大步，并在省、市级的文艺节目表演中取得了良好的成绩。

象山唱新闻

象山唱新闻历史较为悠久，具体产生年代有两种说法。第一种说法是根据象山曲艺作者骆绍清介绍，据传是由朝报、邸报等官方新闻演化而来，产生时间大约在南宋时期。当时兵荒马乱，象山人被迫逃荒或被掳在外地，有13位象山有志者，从当时的京都临安（杭州）出发，想把象山游子召回故乡，于是一路上用象山乡音演唱的方式来吸引他们。在这过程中，他们吸收了临安、杭州、绍兴等地民间曲艺的养分，逐渐形成了象山新闻。第二种说法明显要比前者晚了好几个时代。根据《象山县志》记载，清末，"新闻"开始传入本县。清末期间，"新闻"为盲人求乞时念的顺口溜，民国初经象山东乡溪沿村盲艺人花眼定（1892—1971年）等人试念加唱，形式渐趋统一。它的表演内容，不管是传统曲目，还是现代节目，都深刻地反映了人们的喜怒哀乐，也表现了几千年来流传下来的优良质朴的道德观念和美学观念。它一方面传播文化知识，提高人们的道德修养，帮助人们识别哪些是真善美，哪些是假恶丑；另一方面，经过一代一代的承袭，那些始终活跃在人们心目中许多动人的故事、优美的唱腔，经过历代民间艺人的锤炼，成为民族文化宝库中的精品。

象山唱新闻的表演形式十分独特，通常为一人说唱兼锣鼓伴奏，除用第三人称讲述新闻、故事外，还常常要扮演段子中的各个角色，用模拟角色的代言体说唱。新闻演唱人挎花鼓（坐置膝上），左手提小锣，右手小指与无名指夹鼓槌，拇指与食指拿鼓板，自敲自唱（图7-12）；有时也有两人分持锣鼓同唱。新闻素材来自民间，语言通俗易懂，生动诙谐，具有地方特色，富有感情色彩。演唱队伍少而精，一人即可演出，行动灵活。其内容丰富多彩，新闻、故事、传闻、曲艺皆可随编随唱，如象山新

图7-12　象山唱新闻

闻的传统节目《玉手坠》《顾鼎臣》《吊发园》，现实题材的《共产党员夏正才》《骨肉同胞》等。唱新闻的场地不受限制，演唱形式有：唱门头，即沿门唱几段小曲，类似乞讨；椤便场，即在居民天井、明堂之中，唱一段或一场，兜几个钱；唱航船，在石浦、爵溪、岳浦等水乡海埠，为航船旅客演唱；唱灯头，即逢庙会集市进行演唱；唱场子，唱大书，由演唱水平较高艺人出场演唱。新闻常用的曲调有大亨调、词调、哭调、赋调（包括引路赋子、摇橹赋子、推车赋子、公堂赋子等）和地方小调（包括山歌、快板）。开头往往先唱一个"书帽子"，有四句，也有六句。四句的如"天上星多月不明，地上人多出新闻，新闻出在何方地，某某乡里某某村"；六句的如"天上星多月不明，地上山高路不平，海里浪大船不稳，河里鱼多水要混，朝中官多出奸臣，世间人多出新闻"。

民间鼓乐

民间鼓乐起源于人类劳动生活，它是由人民群众自创自演，表现一个民族或地区的文化传统、生活习俗及人们精神风貌的群众性活动。中国民间鼓乐是中华民族艺术宝库中的璀璨明珠，它不仅历史悠久、题材广泛，而且内容丰富、形式多样。浙江沿海民间鼓乐流传广泛，无论是临近城市的渔港，或是远离大陆的海岛，大凡有渔民聚居的地方就有民间鼓乐的痕迹。这些活动显示着沿海居民对美好幸福生活的歌咏或向往。

舟山锣鼓

享誉中外的舟山锣鼓，不仅是舟山海洋民间艺术的精华，也是我国民族艺术的瑰宝。舟山群岛是著名的渔场，过去渔船上没有通信设备，就在船上敲锣击鼓用以壮胆和传递信息；后来又用于开洋（出海捕鱼）和谢洋（捕鱼归来），用锣鼓与岸上亲人共庆丰收，这就是舟山锣鼓的最初起源。

舟山锣鼓明代时已在舟山群岛流行，清代到民国年间渐盛，始称"三番锣鼓"，采用将军令中的三番锣鼓旋律，分为粗打和细打。粗打用唢呐伴锣鼓，细打以二胡、笛子伴锣鼓（图7-13）。每当逢年过节、迎神赛会、生产丰收时，舟山渔村中都要演奏舟山锣鼓以示庆祝。三番锣鼓与高跷、龙灯、马灯、民间舞蹈等组合，形成了一种雄浑、粗犷、豪放的喜庆气氛。清朝末年，三番锣鼓有了新的发展，五彩工艺旱船被引入其中，鼓手站在船头击鼓，似发号施令的船老大；锣手和乐手则分立彩船两侧，如待命的水手。主奏乐器别致，鼓点丰富，演奏风格独特，音色音量对比鲜明，鼓乐声似海浪起伏翻腾。

图7-13　舟山锣鼓

镇海龙鼓

镇海龙鼓作为宁波镇海区重要的民间艺术形式,在各乡镇广为流传,有着很高的观赏价值与艺术价值。镇海古称"蛟川",乃藏龙卧虎之地。自古以来,镇海人民以出海打鱼为生,为保出海平安、鱼虾丰收,舞龙和锣鼓表演在民间十分盛行,历史悠久。

镇海素有"浙东门户"之称,大小战事频繁,先后经历了抗倭、抗英、抗法、抗日等反侵略战争,每当将士们凯旋,镇海百姓都会以舞龙和锣鼓庆祝胜利。近年来,镇海民间艺术家吸取传统艺术的精华,并加以创新,将舞龙和锣鼓表演巧妙地糅合在一起,形成了龙鼓这一具有独特风格的新民间艺术表演形式。镇海龙鼓寓意风平浪静,以保风调雨顺。镇海龙鼓既有龙舞的细腻奇巧,又具有锣鼓的雄壮粗犷,合为龙鼓,似蛟龙出海,雷霆万钧,变幻自如,气势如虹。镇海龙鼓使锣鼓富有动感,使龙鼓更具节奏,锣鼓音乐与舞蹈动作相得益彰,蔚为壮观,极具震撼力(图7-14)。

图7-14 镇海龙鼓

澥浦船鼓

镇海澥浦船鼓是一种集打击乐（以鼓为主）、船型道具和民歌小调为一体的反映浙东渔民生产生活习俗的民间舞蹈样式，通称船鼓，民间亦呼称"拷（敲）船灯"（图7－15）。据传澥浦船鼓在清嘉庆中后期（约1810年）已盛行于此间乡里，迄今约有200年历史。当时澥浦是一个较大的渔业集镇，渔民大多从河南和福建迁居而来。每当出洋捕鱼、归来谢洋，河南籍渔民往往以敲锣击鼓庆祝，福建籍渔民则常常以竹木条扎成船形载歌载舞。后来，两者逐渐融合，就有了船形舞与锣鼓伴奏合二为一的船鼓队。清末民初，船鼓最为红火，并扩展至民间庙会、传统节日与喜庆活动。每年开洋和谢洋时，男性渔民都会一起以击鼓、唱民歌和舞动船型的形式进行祈福或喜庆丰收表演。

图7－15　澥浦船鼓

渔民画与民间手工艺

渔民画

浙江渔乡的农民画是海洋民间艺术中一种较为年轻的艺术形式，我们又称之为渔民画。浙江渔民画最早出现于20世纪50年代初期，但是渔民画的创作却深深根植于世代渔民的纯朴艰辛的生活以及亘古悠远的渔乡传说。

特殊的生活环境赋予了浙江渔民特殊的气质和情感，沿袭着先辈们与大海相伴、与恶浪搏斗的生活方式，秉承着大海般的磅礴胸怀以及踏浪归来的细腻情感，一群群年轻的渔民们拿起了画笔。平日里弄桨操舵、引梭织网的渔民，如今却成了舞文弄墨的高手。渔民们在作画方面没有太多技巧，却能更自由直率地展现一切，其中包括祖辈的辛酸、亲人的期待、生活的欢欣与对未来的憧憬。

舟山渔民画便是东海渔乡农民画的代表。20世纪80年代初，本着繁荣传统民间艺术的意愿，浙江省群众美术工作会议把舟山作为试点之一组织创作反映新生活的现代民间绘画。此后，舟山渔民画进入了创作繁荣期。1987年年底，舟山渔民画在北京中国美术馆展出，获得了广泛好评。1988年1月，文化部命名舟山的四个县区为"中国现代民间绘画画乡"。至此，舟山渔民画创作初步形成了一个具有独特风格的绘画群体（图7－16）。

浙江渔民画在表现
手法上，突破旧的传统
创作模式，吸收现代审
美观念的新特点，选取
了适合海岛气候特点、
体现渔民性格趣味、能
较好地发挥色彩效果的
油画工具材料。渔民画
是一种以生活为基础的
经验绘画，创作者依据

图7-16　舟山渔民画

自己的生活经历，以渔家的思维方式进行自由的画面组织，画
面透露出一种未经雕琢的纯朴而又神秘的色彩，与一般常见的
农民画的表现形式迥然不同。

　　土生土长的渔民画家们，除了受传统文化的熏陶和滋养
外，没有经过任何现代绘画的训练，完全凭着渔民们自由奔放
的天性，进行酣畅淋漓地创作。渔民画的创作多与大海有关，
渔民们出没于狂风巨浪，与之生死搏斗的生活经历，形成了渔
民画特有的神秘、抽象甚至近乎怪诞的风格。强烈的民间气
息、地域特色和民族意识，通过夸张随意的造型以及艳丽活泼
的色彩被逐一表现出来。

　　渔民画家们把他们对理想、对生活的美好追求与渴望都反
映在自己的作品中，如作品《渔姑梦》（图7-17）。有的以渔
民生活、生产和渔家风俗风情活动为内容，如作品《拣鱼》
《剖鲞》《补网》等。有的则以海岛的民间传说为创作内容，如

《穿龙裤的菩萨》。

渔民们运用这样独
具特色的艺术形式来描
绘自己真实的生活、朴
素的情感。与此同时，
他们也不自觉地把中国
传统哲学思想和精神融
汇到作品里，传统文化
中的"天人合一"的哲
学精髓在他们的作品里

图 7-17　舟山渔民画《渔姑梦》

表现为"人海合一"，从而使舟山渔民画有了更为深刻的内
涵。东海渔民画反映和透露出的纯朴、稚拙、梦幻而神秘的情
韵，产生了独特的艺术魅力，不愧为中国民间美术百花园中的
一朵奇葩。

鱼拓画

鱼拓画起源于海钓和淡钓业，最初的鱼拓是先在鲜鱼身上
涂满墨汁，然后将其印在纸上或布上的一种图形，起源于喜爱
垂钓的人，他们把钓来的鱼拓印下来留作纪念。在制作过程
中，整个鱼形除了眼睛允许绘画以外，其他部分必须是拓印而
成，不允许用笔来加工。鱼拓制作者必须遵守一条规定，即不
可为了拓印而杀死生物。鱼拓的意义在于，它能让逝去的生命
以另外一种形态存活下来。

制作鱼拓的用具主要有毛笔、宣纸、墨、颜料、调色盘、

固定板、喷雾器、电吹风、脱脂棉、大头针等。这些用具是制作鱼拓所必需的，可以根据制作方法的不同略有增减。鱼拓的制作方法主要有两种：直接拓鱼法和间接拓鱼法。直接拓鱼法是指将颜料直接涂抹在鱼身上，然后再用宣纸将颜色翻印下来，类似于印刷的过程。间接拓鱼法的颜料不是涂抹在鱼身上，而是用拓包拍打紧贴在鱼身上的宣纸，类似于碑拓的过程。

　　鱼拓技艺流传于象山沿海地区，主要分布在石浦镇（东门岛、檀头山岛、渔山列岛）、鹤浦镇、高塘岛、晓塘乡、墙头镇、爵溪镇等六个乡镇街道。鱼拓是一种将鱼的形象用墨汁或颜料拓印到纸上的技法和艺术，作品可附上花鸟或山水，题写诗词书法，钤盖印章，形成诗书画印拓融为一体的艺术品。鱼拓也是记录和展示不同种类的鱼的身长、形状、颜色等体表特征的一种方法，是从中国传统艺术碑拓得到灵感而衍生的一项艺术（图7-18）。据说在我国宋朝就出现了用墨制作的鱼

图7-18　象山石浦鱼拓画

拓，但无翔实的史料和鱼拓作品可查。在清代时期，鱼拓这种技法就已经在象山石浦等靠海一带出现，渔民们在佳节时期，将新鲜捕获的鱼涂上墨鱼汁，按压在红纸上，鱼体正反面分别贴于门窗上，象征着年年有余、丰稔昌盛，表达了渔民淳朴美好的期望。鱼拓的魅力，不仅在于它有欣赏价值和收藏价值，可从中提高美学修养，还能丰富鱼类知识，保护鱼类资源。舟山的白沙岛被誉为"海钓天堂"，在这里鱼拓画也得到了很好的保护、传承与发展（图7-19）。

图7-19　舟山白沙岛真鲷鱼拓画

民间手工艺

民间手工艺品是劳动人民为适应生活需要和审美要求，就地取材，以手工生产为主的一种工艺美术品。中国地大物博，民间手工艺也是种类繁多。而东海渔民们至今保留着众多反映其独特的地域风格和审美情趣的海洋手工艺技术，并在先辈的基础上有所发展创新。

鱼纹镜的出现和流行反映着我国先人对鱼的崇拜程度，金鱼纹镜无疑是渔民们追求艺术和寄托精神的典型代表。金代的鱼纹铜镜以圆形圆钮为主，双鱼镜为金代铜镜中的上佳之作，双鱼刻画逼真，鱼体结构完整，处理手法巧夺天工。双鱼镜两鱼置于钮两侧，多呈同向洄游状。有的在鱼纹饰和边缘之间铸一圈水草纹，缘上水草纹比中间主图的水波纹或水草纹略高。水波纹生动流畅，和水草纹饰一起烘托着鱼纹。从大部分鱼纹铜镜的镜体铜质合成材料及铸造技术判断，那些鱼纹镜工艺不是私人铸镜作坊所及，只有官铸的产品才有此质量。大量的金鱼纹镜恰恰是在实行严格的禁铜政策背景下铸造的，这种禁而不止的现象只能说明官方与民间对鱼纹镜需求之迫切。鱼纹铜镜在我国古代不只是单纯照面的生活用品，人们也在铜镜镜纹中融入了对美好生活的向往和精神寄托，铜镜镜纹是在艺术追求和精神寄托两点上不断发展的。

浙江沿海渔民的民间手工艺品主要有刺绣、剪纸、花漆、木雕、贝雕、石刻、泥塑等，其中尤以贝雕最具特色（图7－20）。贝雕是一种用贝壳雕刻或镶嵌制成的工艺品，以沿海地区盛产的贝壳为基本原材料，经艺人精雕细磨及抛光防腐处理，是中国历史上最悠久的传统工艺之一。

图7-20 舟山贝雕

浙江贝雕最早出现于旧石器时代晚期，新石器时代晚期已有完整的贝雕。螺钿镶嵌工艺出现于西周，至唐代已具有较高的螺钿镶嵌工艺水平，此后几代螺钿工艺充分发展。1979年在舟山定海马岙发掘出土的新石器及陶器间发现三片贝壳残片和八个蛤壳，为项上饰品的一部分。1959年在定海东面陈家岙古墓中发现一只漆器螺钿妆盒，造型饱满，嵌工精细。清代时期有不少的雕花艺人（俗称"雕欢"师傅）服务于民间。民国期间，在定海道头和半路亭一带，尚有好几家雕花和镶嵌店铺专做雕花镶嵌。

浙江沿海贝雕采用国画形式，融玉雕、石雕、浮雕等工艺形式为一体，吸收油画色彩鲜艳、格调优雅的艺术风格，品种有贝雕画、贝雕台屏、贝雕镶嵌、贝雕首饰等。贝雕的内容题材以传统故事、古代仕女、山水风景、吉祥图案为主，辅以花、鸟、虫、鱼等图案。作品以结婚家具制作和装饰生活用品为主，如大眠床、屏风、橱、柜、妆台等，后期作品则主要为工艺美术品，供人观赏、装饰、收藏，浙江贝雕工艺博采众长，不断完善，逐步形成了自己独特的风格。现在舟山贝雕和舟山螺钿镶嵌（图7-21）

图7-21　舟山螺钿镶嵌

已分别被列入了舟山市和浙江省非物质文化遗产保护名录。

此外，宁波的骨木镶嵌采用螺钩（贝壳）、象牙、黄杨木、彩石等原料，精心制成花鸟、山水景物、古代仕女等花样，镶嵌木坯而制成实用工艺品，历史久远，闻名海内外。台州玉环县坎门镇水族工艺馆里陈列的标本也十分具有珍藏价值，这些标本中既有属于国家级海洋保护动物的中华鲟、玳瑁等，还有丽水蛤一百多种、栉孔扇贝二十多种。这些稀奇古怪的海洋生物标本，拓展了人们对海洋水生动物知识的认识。另外，鱼灯制作（图7-22）、船模技艺（图7-23）、剪纸艺术（图7-24）、竹根雕（图7-25）、麦秆画（图7-26）等也成为浙江沿海地区十分有特色的民间手工艺，并得到了有效的传承与保护。

图7-22　象山鱼灯制作

图7-23 象山船模技艺

图7-24 象山剪纸艺术

图7-25 象山竹根雕

图7-26 象山麦秆画

第八章 海洋渔风节日民俗

现代节庆，既是对民俗文化的传承，又是对地方文化资源的整合，已经成为一种新型的文化现象。充满独特文化意趣的旅游节庆，既能有效地推进文化、经贸交流和旅游合作，又能提升海港城市的整体形象，还能带动相关产业发展。因此，进一步开发节庆文化潜在的商业价值和旅游资源价值已成为东南沿海城市的共识。

传统民俗活动

东海海洋传统民俗活动主要是民间民俗传统节日活动，具有特色的是渔镇渔村的岁时习俗及各类庙会活动。

渔家传统岁时习俗

传统节日主要有春节、元宵节、立夏、端午、中秋、除夕等节，海岛人在过这些节日时与内陆基本相仿，但也有着鲜明的海洋特色，尤其像三月三、六月六、中元节等一些民俗味浓郁的民间节日。

春节　农历正月初一。黎明燃放爆竹，谓之"开门炮"。一般于中堂设香案，陈果品，行礼拜，所谓"谢天地"。佛阁需上佛饭。举家素食，吃芋头，以祝新年有余。穿新衣，长辈受儿孙跪拜，给拜岁钱。出门见熟人，皆须拱手拜岁，全日不汲水，不扫地，晚不关灯。象山丹城等地大年初一还拜祖坟。大年初五，商铺营业。上旬内亲邻互访互宴，谓请"新年饭"。旧时的温州洞头岛，家家在年三十夜都要守岁到寅卯时左右，举行开正仪式。在大门口或天井里摆上案桌，桌上置放三牲及水果、糕点等祭品，两旁有一对尺长的大红烛，俗称"通宵"。守岁连着烧头香，在烧香时还给庙祝红包。

农历正月初九凌晨拜天公，是海岛居民新年伊始最隆重、最神圣的祭祀活动。祭祀前一两天，各家各户都要备齐拜天公的供品。供品有九样，九为最大数，以示对天公的崇敬。以甜糕、猪肉、挂面为主祭品，称"三牲祭礼"，其余为红枣、桂圆、糖果、饼干、水果等，各种供品都表示一种美好的祝愿或吉祥如意的愿望。

元宵 农历正月十四夜开始上灯（图8－1）。象山丹城兴吃汤圆，石浦兴吃糊腊，乡间多食炒年糕。正月十五日前后，城乡常约请戏班演出，少则一两日，多则近旬；乐户（俗称"吹唱"）上门吹打，受赏年糕、馒

图8－1 石浦人扎鱼灯迎"十四夜"

头，谓之"吃糕头"。正月十八日落灯，至此元宵活动结束。

另外，过去温州洞头民间有在农历正月十五元宵节请"半更神"的习俗。请"半更神"是渔村姑娘专属的一项活动，男人不参与。农历正月十五晚，看完花灯、踩街表演后，男人和孩子都睡了，妇女们也忙完了家务，邻居姐妹们相约聚集在一户人家厅堂，以请"半更神"的形式，占卜新年财气、运气和生产情况，也占卜姑娘婚事等，请求保佑家门平安、渔业生产年景好。

三月三 滨海村镇有游沙滩、拾海螺烧食之举，俚语有"三月三，海螺爬上滩"。

三月二十七 象山丹城旧有会期，举行抬神行会①活动，彩灯缤纷，鼓乐齐鸣。邻近村民，纷至沓来；远道商贩，街旁设摊；观者摩肩接踵，热闹异常。据传已有七百余年历史，中华人民共和国成立后废止。

四月八 当日为浴佛节，活动有采乌饭树叶，渍糯米，捣乌饭麻糍，并互相馈送。

立夏 习俗为吃糯米饭、茶叶蛋，间有吃红豆饭。食不切断的小竹笋，以求脚骨健。吃青梅，谓可入夏不打瞌睡，不疰夏。兴吃补品，贫者饮鸡蛋老酒，富者吃桂圆、人参，谓"千补万补，不如立夏一补"。是日，人人称体重，观一年之旺衰。

端午 农历五月初五，兴裹粽子，象山的石浦、丹城还兴

---

①行会指抬着民间神像巡游。

吃麦饼筒，门户悬插艾、蒲，墙壁喷洒浸有菖蒲根、雄黄的烧酒，房内熏菖蒲根，谓可辟邪禳毒。儿童胸前悬苎线串菖蒲片和各色香袋。家堂张挂钟馗像、五毒图、虎图等。民间还采集辣蓼、梓树脑晒干贮藏，作常年化食药物。

六月六　农历六月初六兴吃麦馒头、翻晒衣物图书，有"六月六，晒红绿"之说。石浦旧有会期，抬城隍老爷、戚老爷（继光）、周公公，矮伯伯等神像"行会"，间以歌舞彩灯助兴，极为壮观。每户设香案敬神，远近村民，往观者如潮（图8-2）。

图8-2　石浦六月六庙会

中元　农历七月十五俗称"七月半"，这天人们以新收割早米做麦果，祀祖尝新。象山的爵溪还有迎神赛会，盛况不逊于丹城、石浦之行会。七月十六夜，以草作底，上糊灯笼，中点蜡烛，散浮海上，曰"放水灯"，以慰海难者。石浦、墙头亦有此举，1949年后渐废。

七月三十 相传为地藏王生日，当日晚间，各户门前、路边、屋旁普遍插香，谓之"点地香"；另有点香插南瓜，以竹竿高悬，谓之"点香球"。

中秋 农历八月十五为中秋节，全国皆然，象山则以农历八月十六为中秋，相传为宋宗藩所更，或谓史越王以其母十六日生而易。中秋夜为赏月良辰，普食月饼。

重阳 农历九月九日为重阳节，兴登高游赏秋景。丹城市铺有售栗糕一天之风。糕以糯米粉加糖蒸制，置笋壳上，形如饼，上嵌栗肉、瓜子仁、蜜饯、胡桃仁、红绿丝等，味道极佳。

除夕 农历十二月二十后，各户准备过年，掸尘、办年货、捣年糕、做团、炒糖糕（或番薯去皮蒸熟切片）、打米胖糖。二十三日晚以五果（糖果）送灶神，除夕再接灶神。二十八日设案中堂，以三牲福礼祈求降福，谓之"谢年"。除夕祭祀祖宗，晚饭全家团聚，吃年夜饭；晚间室内点灯，需要间间亮，亦有通宵不眠守岁，称"守爹娘双全"；临睡前，长辈给晚辈分压岁钱；家中用器亦放一年糕片，以示压岁。这一天，习惯向赊欠户催讨账款。

石浦十四夜习俗

象山石浦人农历正月十四夜过元宵，吃的不是汤圆，而是特有的糊粒羹。糊粒羹也叫"糊腊羹""发财羹"，以牡蛎、虾仁、鱼肉、蛏肉为主料，加以猪耳朵、芋艿、萝卜、鸡蛋、香肠、年糕等，混合在一起的一种用番薯淀粉调和的杂烩羹（图8-3）。石浦人元宵节吃糊粒出自一段历史典故。明代嘉靖年间有一年农历正月十四，戚继光率领军队杀得入侵石浦一带的倭寇狼狈逃窜，但正当民众准备各种菜肴下锅烧煮欢庆抗倭大捷时，却有另一批倭寇前来进犯，眼看军情危急而将士们又饥肠辘辘，伙夫匆忙将切好的各种小菜倒入锅内，煮烧后加上米粥、薯粉，做成糊粒，既当饭又当菜，将士们吃后士气大振，经过一番拼杀，大获全胜。从此，石浦人每逢正月十四，家家户户吃糊粒以示纪念，遂流传成为一种民间习俗。这天晚上，小孩子们自带碗筷，挨家挨户说一声："吃发财羹啦！"主人笑脸相迎，给每人一勺。石浦人认为，小孩串门越多就会越聪明，讨糊粒的人越多，主人家就会越发财（图8-4）。这一习俗有以下几个特点。

图8-3　石浦十四夜闹元宵——吃糊粒

图8-4　石浦孩子讨糊粒羹

（1）独特性。中华民族的传统节日——元宵节是农历正月十五，始于春秋时期，历史悠久。而石浦的元宵节却是在农历正月十四过，非常独特。

（2）历史性。石浦的十四夜用鲜活的民俗——吃糊粒羹纪念明代嘉靖年间戚继光军队抗倭寇的历史。

（3）丰富性。石浦十四夜的活动有吃糊粒羹、请簸箕姑娘、走十四、点天灯、看新媳妇、摇小竹娘、扮故事、打生等八项，内容十分丰富。

改革开放后，石浦十四夜在传承习俗的基础上，又有了新的文化内涵。每到正月十四那天晚上，石浦渔港张灯结彩，鞭炮齐鸣，焰火齐放，各色各样的鱼灯把整个石浦的夜晚装扮得流光溢彩。龙灯队、马灯队、鱼灯队（图8-5）、腰鼓队、民乐队精心装扮，从四面八方一路敲锣打鼓汇集镇中心地带，尽情表演。街上，人山人海，一片欢腾。

图8-5　石浦十四夜闹元宵——舞鱼灯

　　石浦十四夜还盛行请簸箕姑娘的习俗，以祈祷平安、幸福、四季丰收（图8-6），一般以家族、邻居聚会形式同欢。屋内外点亮灯，堂前放一桶水，桶边挂着一面镜，选四位姑娘

图8-6　石浦十四夜闹元宵——请簸箕姑娘

盘腿坐地，每人右手竖一根筷顶着圆簸箕，簸箕上放剪刀、烙铁、尺、花四样东西。然后，姑娘们静心同诵"簸箕星圆滚滚，剪刀烙铁做媒人，花给你戴，粉给你贴，请你簸箕姑娘来看灯……"念着念着，圆簸箕自然会按顺时针方向不停地转动起来。可以问年龄、问姻缘，簸箕中的物什便会随着摇动一声声敲响水桶作答。旁人里三层外三层围观，既好奇又开心。

"三月三，踏沙滩"民俗活动

象山石浦地处东海之滨，历史上曾因"浙洋中路重镇"之称而名扬四海；今为全国六大渔港之一、中国历史文化名镇，享有"中国渔业第一镇"之誉。石浦海洋旅游资源得天独厚，拥有山海的旖旎风光、岛礁的奇观异景、独特的人文景观和浓郁的渔区风情。

"三月三，踏沙滩"是石浦久负盛名的一个民间传统节日。这一古老节日的由来，归纳起来大概有这么几种：一种说法是为了表达对爱情忠贞不渝的辣螺姑娘的敬重，另一种说法是为了纪念在崖山海战中阵亡的宋代将士，还有的说是为了祭拜九条小龙在这一天斗败危害百姓的乌龟精。不管出于哪种传说，每年春汛开始，出海远航的渔民总要请妈祖、拜菩萨、抬城隍，开展丰富多彩的群众活动，祈求神灵庇护和开捕丰收。其中由辣螺姑娘动人爱情故事演绎而来的三月三活动流传甚广，影响也最大。传说石浦沙滩附近有一位美丽善良的渔家姑娘，以拾辣螺为生，人称"辣螺姑娘"，一天她在沙滩拾螺时救起一个外地受伤男子，该男子就是南宋大臣陆秀夫，两人渐渐地互生爱慕之心。伤愈后，陆秀夫有国事在身匆匆告别，临行前许诺日后回来娶辣螺姑娘为妻。不幸的是，陆秀夫走后，辣螺姑娘被当地渔霸看中，欲强迫成亲，娶亲当日，辣螺姑娘以死相拼，投海身亡。农历三月初三，象山海边辣螺旺发，爬满海滩，传说是辣螺姑娘的化身。为了怀念姑娘，这一天，成群结队的渔民和渔家儿女来到海边，走一走，看一看，顺便捡一些辣螺回去作纪念，年长月久，象山海边渔区就形成了"三月三，踏沙滩"的传统习俗。

每年一到农历三月初三，数以万计的沿海渔民来到皇城沙滩，有的怀着对人生未来的美好祝福；有的感怀宋王朝的历史；有的感怀辣螺姑娘的纯真爱情；有的感受阳春三月的自然气息，漫步千米沙滩，享受阳光海风，观海潮、听海涛、拾海贝。广阔的沙滩上摊贩云集，杂耍遍地，游人如织，形成场面热闹的海游图。

渔民踏青

中国的踏青习俗由来已久，传说远在先秦时已形成，也有说始于魏晋。据《晋书》记载，每年春天，人们都要结伴到郊外游春赏景。可见，踏青春游的习俗早已流行。到了宋代，踏青之风盛行。

舟山沿海踏青民俗活动又称"春游""探春"。清明时节，天朗气清，人们都喜欢利用春光明媚之际，去郊野畅游一番。扫墓者祭礼已毕，也往往择圃列坐而不归。单纯的祭祀活动演化为同时游春访胜的踏青。清末至民国时期，定海也流行游春的习俗。每当清明时节，万物复苏，草木返青，田野一片灿烂芬芳。城区私塾、学校都要放春假数天，以便让学生跟随家长到郊外去上坟和春游。此外，定海还有春游放风筝的风俗。放风筝，舟山人俗称"放纸鹞"。每当春风和煦的时刻，在绿色的田野上，开阔的平地上，总有不少人领略着放纸鹞的乐趣。那些纸鹞在轻风中飘飘摇摇，最多的是瓦爿鹞，其次是蝴蝶鹞、老鹰鹞，最显眼的是蜈蚣鹞，长长地在天空中游来荡去，各种风筝五彩缤纷，错落有致，煞是好看。放纸鹞是一项很有意义的文化娱乐活动，既可以锻炼身体、陶冶情操，又能享受美好的春光。

温岭石塘七夕小人节

每年的农历七月初七，温岭市石塘镇闽南移民后裔未满十六周岁的孩子，都要过一年一度的小人节（图8-7）。

图8-7　温岭石塘七夕小人节

小人节应该源于闽南风俗七娘妈生。闽南民间称织女为七娘妈，视其为小孩的保护神，传说七夕是七娘妈生日，因此又称七夕为"七娘妈生"。每逢七夕，许多家庭都要祭拜七娘妈，祈求家中小孩能够健康平安成长。温岭邻县玉环县闽南移民原先也有这样的风俗，20世纪50年代后这一风俗渐废，目前只有温岭石塘还保留着这一独特的风俗。2006年，石塘小人节被列入第一批台州市非物质文化遗产项目名录，之后又进入浙江省省级非物质文化遗产项目名录。如今，石塘七夕习俗已是国家级非物质文化遗产。

以前，浙江各地都有关于七夕小人节的习俗。例如，在浙江杭州，过去每年七夕，萧山坎山镇都会举行祭星乞巧活动。庭院中摆放着八仙桌，上面放着精美的花边、时令水果和摆成"心"型的祭酒杯。姑娘们在祖母的带领下，向天上的牛郎织女敬酒，祈求织女多多给予心灵手巧的本领和美好的未来。接着，女孩子们开始赛巧，每人拿一针一线，看谁穿针引线最快。

石浦七月十五放海灯

渔港石浦有个民间节日——放海灯。海灯又称"水灯"，农历七月十五日放海灯是流传于象山沿海渔村的一项民俗文化活动，在石浦港东门渔村尤为盛行。传说，农历七月是地狱鬼门洞开的日子，这些日子里，鬼可以四处游荡，更可以探亲访友。哪怕钟馗在这些日子撞见了小鬼们，也只能放他们一马了，因为这是法定的鬼的节假日。不过，百姓心里早就明白，这一天图的只是一种闹腾的气氛。石浦渔村的百姓，一到农历七月初，便各显神通，扎制各式彩灯，来展现自己的聪明才智和高超手艺。

渔俗节庆活动

东南主要海港城市的节庆文化以建设海洋文化名城、提高城市知名度为宗旨，以当地独特的人文资源、海洋文化资源为切入点，融文化艺术、经济、贸易、旅游为一体，形成了独特的人文特色与地域特色的渔俗节庆活动。

浙江沿海各地渔俗节庆活动十分丰富。以舟山为例，目前在舟山市有影响力的主要有以沙雕文化为特色的"舟山国际沙雕节"、以普陀山佛教观音文化为特色的"观音文化节"、以海鲜美食文化为特色的"舟山海鲜美食节"、以大海为题材的"舟山渔民画艺术节"以及有着舟山民间民俗特色的"沈家门渔港国际民间民俗大会"等。纵观这些大型的节庆文化活动，虽然风格迥异，但无一不是舟山海洋文化内涵的集中展示，洋溢着浓郁的海洋文化气息。

舟山国际沙雕节

每年九月或十月份在风景秀丽的国家级风景名胜区——朱家尖举行的舟山国际沙雕节，是利用海洋文化资源优势开发出来的综合性大型旅游活动（图8-8）。每届在形式和创意上都有突破，历届的主题有"和平与友谊""世纪奇观""欧洲文明起源""世界古代奇观""丝绸之路""至爱永恒"等。一系列

特色鲜明、精彩纷呈的配套活动，凸显了沙雕节活动的海洋文化内涵和特色，把海洋海岛文化特色发挥得淋漓尽致，沙雕艺

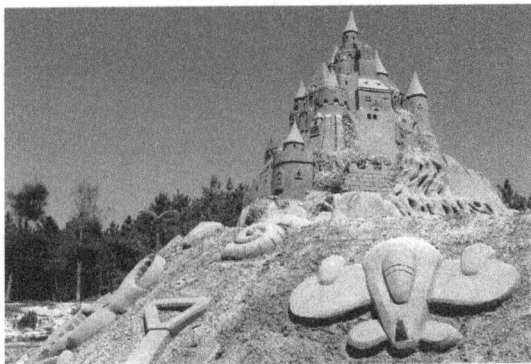

图8-8　舟山国际沙雕节

术的神奇也让人们流连忘返。同时，沙雕节把旅游节庆活动与经贸活动有机结合起来，取得了一定的效果。

　　沙雕节的举办对旅游景区的辐射作用进一步增强，旅游客源市场的利用率显著提高。各旅游服务行业围绕沙雕节，在吃、住、行、游、购、娱等方面带动了第三产业的发展，收到了较好的社会经济效益。

海鲜美食文化节

　　首届舟山中国海鲜美食文化节于2003年7月18日至9月18日举行，主会场定在普陀区的沈家门，各县区设分会场。主要活动有沈家门民间风俗大会暨开幕式、华东烹饪名家演示、舟山烹饪比赛暨舟山十大名菜及小吃评选、海鲜烹饪家庭比赛、闭幕式等五个主体活动。另外，还附带举行了美食摄影比赛、优秀夜排档评选、舟山餐饮业青工技能演示、网上美食节等活动。

　　此次活动开启了舟山市利用渔业资源、开发海鲜美食活动

的新篇章，使舟山海鲜走出了舟山，提高了知名度。首届舟山中国海鲜美食文化节着力挖掘了舟山海鲜美食的文化内涵，充分体现了舟山海鲜美食的魅力。它的成功举办，既提升了舟山旅游的整体形象，又促进了旅游经济的发展。

普陀山南海观音文化节

中国普陀山南海观音文化节在素有"海天佛国"之称的普陀山举行。首届于2003年11月举办，为期7天，截至2017年已举办15届（图8-9）。文化节以"观音文化与生命自然"为主题，体现了观音慈悲为怀、普度众生、净化人心的特质。系列活动分为开幕式、弘法讲经大会、佛教文化大展、四海莲心交流大会、发愿祈福法会、闭幕式等。活动的举办旨在为普陀山打造新的旅游亮点，吸引更多社会大众关注、来访，弘扬普

图8-9　普陀山南海观音文化节

陀山观音文化，丰富海天佛国品牌内涵。

普陀山是中国佛教四大名山之一，每逢农历二月十九、六月十九、九月十九分别是传说中的观音菩萨诞生日、成道日和出家日，朝山进香者不远千里而来。南海观音文化节有别于以往的普陀山盛会，比三大香会规模更大，来自中国大陆各省及香港、澳门、台湾的香客商人络绎不绝。

在普陀山观音文化节期间，丰富多彩的文化、经贸活动吸引了大量外地游客。除了提升了交通、餐饮等方面的需求外，观音文化节也成为舟山招商引资的良机。此外，大量文化名人涌入后带来的音像资料、文人墨客留下的墨宝文章、著名摄影家镜头里的精彩瞬间、国际上专家学者的学术交流论文，都为丰富普陀山文化积淀、加深文化底蕴起到了积极的作用。

舟山渔民画艺术节

首届舟山渔民画艺术节于2003年10月在朱家尖开幕，艺术节主体展览活动包括舟山渔民画新作展、舟山渔民画藏品展、舟山现代民间剪纸展、舟山渔民画立体视觉艺术展和中国现代民间绘画邀请展。作为艺术节主要配套活动的舟山民俗踩街活动、舟山渔民画墙体绘画大赛在定海区主要街道举行。

舟山渔民画缘于得海独厚、得港独优、得景独秀的地理优势，具有浓郁的海洋艺术感染力和观赏性，迄今已有三百余件作品被国外艺术爱好者收藏。渔民画艺术节的举办，对重新整合具有舟山海洋文化特色的文化资源、打造渔民画的艺术品牌、推动文化旅游产业的发展，起到了促进作用。

金庸武侠文化节

首届中国舟山桃花岛金庸武侠文化节暨中华武林大会于2004年5月2日至4日在金庸笔下的桃花岛举行（图8－10）。武林大会上，有金钟罩、铁布衫、峨眉剑等15个硬气功表演；还有醉拳、醉剑、鹰拳、八卦、太极、地趟拳、龙形长穗剑、岳门拳种、陈式太极拳等28个套路表演；还有男子散打、女子散打观众挑战赛等。

武侠文化节通过以武会友、习武健身、切磋技艺等方式，进一步弘扬武术文化，推动全民健身旅游活动深入开展；进一步挖掘、丰富武术文化内涵，扩大武术文化影响力；同时让更多的人了解桃花岛、关注桃花岛。

图8－10　舟山金庸武侠文化节

中国沈家门渔港国际民间民俗大会

中国沈家门渔港国际民间民俗大
会一般在渔都沈家门举行，2003年是
第一届。主要活动有海上花船大巡
游、陆上沿港民俗大巡游、专场文艺
演出、民间文化街头表演等。民间民
俗大会融雅俗文化于一体，既有大型
交响音乐会，又穿插民间文化、民间
绝活的表演，雅俗共赏，新颖独特
（图8-11）。

图8-11　沈家门渔港民
间文化大会

普陀海洋文化底蕴深厚、独具魅力，民间文化源远流长、
海味十足。民间民俗大会就是在此基础上取其精华、继承创
新，让独具海洋气息的民间文化大放异彩，同时打造了海洋民
间文化的品牌。

中国嵊泗贻贝文化节

首届中国嵊泗贻贝文化节于2004年7月26日开幕，至9月
20日闭幕，分为"授旗宣誓迎开幕""东海有礼促市场""碧
海缤纷纳万众"三个阶段，为期近两个月。

嵊泗有着养殖加工
贻贝的悠久历史，出产
的厚壳贻贝"元淡"，在
明清时还被列为进贡朝
廷的贡品，号称"贡
干"（图8-12）。同时，

图8-12　嵊泗贻贝

文化节的触角还延伸到了上海，将一个个介绍嵊泗人文、地理及一系列海岛民俗特色的独具文化内涵节目通过上海这个城市展示到了全国。举办这样的文化节目的不仅在于创建和打响贻贝文化节这一品牌，打造绿色贻贝品牌，更是在于通过舟山独特的海岛文化，构筑起一个走向全国、走向世界的舞台，树立品牌，扩大市场，推进嵊泗产业结构调整。

徐福东渡国际文化节

首届中国（岱山）徐福东渡国际文化节于2004年7月8日在素有"蓬莱仙岛"之称的岱山举行。据传载，公元前219年徐福受秦始皇派遣率三千童男童女及百工渡海，去寻找传说中的蓬莱仙岛，以求长生不老之药。寻药未果后东渡，随潮来到韩国，最后到达日本。徐福东渡传说给岱山抹上了神秘的色彩，成为研究海洋历史文化的重要内容之一。

作为徐福东渡的出发地——达蓬山，位于慈溪龙山、三北一带，山上有摩崖石刻、秦渡庵等历史遗迹。据传，象山蓬莱山是徐福东渡前的隐迹之地，遗留下不少徐福的踪迹和遗存。位于象山城区龙泉井路的徐福登陆处遗址旧为垄船登陆之处，县志记载为垄船径。徐福登陆处附近还有丹井和蓬莱观碑，丹井史载为徐福隐居蓬莱山时为炼丹而凿，南北朝陶弘景慕名于此修道，投丹于井，故名丹井。蓬莱观碑则记载了徐福隐迹象山的故事。另外，还有石屋洞、徐福观、卧匾等历史遗迹（图8-13）。

徐福传说流传范围极广，在宁波慈溪的传说就多达40个，在日本、韩国也有多种传说。在日本，徐福东渡上岸的地

图8-13 象山徐福历史遗迹

方传说有32个，故事有56个，足以见出徐福文化在东亚各国的广泛影响。

除此之外，浙江境内还有宁波象山的"中国开渔节"、温州洞头的"妈祖平安节"等，这些海洋节庆活动搞得有声有色，当地政府及文化部门充分利用各自海洋资源，将旅游文化与民俗传承有效地结合起来，拉近了游客与民俗的距离。

海洋特色仪式活动

古韵盎然的妈祖赛会、祭海活动、开船仪式……一系列极具特色的渔俗活动构成了浙江海岛丰富灿烂的渔文化。在宁波象山，每年9月，规模盛大的中国开渔节在石浦渔港古城举行。几千艘大马力渔轮，在鞭炮和锣鼓声中，浩浩荡荡地驶向大海，气势壮观。

开洋大典、谢洋大典

渔民开洋、谢洋大典包括渔民祭祀活动和祈福活动等内容。开洋是渔船出海时，渔民祈求平安、丰收的民俗活动；谢洋则是渔船出海平安归来，渔民感恩大海的民俗活动。开洋、谢洋作为渔民一种精神寄托，主要有娱神、娱人两大板块，以祭祀为核心，以民间文艺表演为主轴，含有历史、宗教、生产、民俗等诸多文化内容。

宁波象山渔民开洋、谢洋已形成了固定的活动形式，举办这些活动的最初意义是希望神灵保佑渔民出海能一帆风顺，满载而归。因此，它具有祭祀对象的多元性（天后妈祖娘娘、城隍老爷、王将军菩萨、渔师大帝等），活动形式、内容的丰富性（包含祭祀和各种民间文化活动等），活动目的的唯一性（出海平安、渔业丰收）等特点。

开洋 每年传统捕大黄鱼季节开始时，船员都要在妈祖娘娘庙等庙宇举行开洋节祭祀仪式（图8-14）。开洋节的祭祀时间在农历三月十五至三月二十三之间，必须选择在每天涨潮时分，希望财源随潮滚滚而来。主祭人在前一天剃好头，晚上要用

图8-14 东门开洋节的祭祀仪式

糖水净身，第二天穿上干净衣服去庙里祭祀。供品陈设有序。殿前天井东西两侧，各置八仙桌一张，分供猪、羊各一，恭天地神祇。大殿中堂放八仙桌两张，陈列鸡、肉、鱼、蛋、豆腐、面等六大盘乃至八大盘，盘子供品放在红漆桶盘中，五果、点心不用大盘（图8-15）。吉时一到，红烛高烧，主祭船主上香献爵，跪拜，虔诚祝祷。礼毕，主祭船主退立，船上众伙计

图8-15　东门开洋节中的供品

（船员）按照仪式跪拜。礼成，请菩萨上船，由船主手捧红漆大桶盘，置神像（有木雕或泥塑神像）其上，也有的在神明前求得令箭（三角小旗）一支，以代神像，插在四角香袋上，两旁列侍千里眼、顺风耳神，香烛悉备。出庙时，代舵（大副）撑黑布伞护顶，三肩（舱面负责人）提灯笼前导，众船员持香随后，恭恭敬敬把菩萨请上渔船，放在船圣堂神龛内，顶礼而退。引路灯笼挂在船头，以驱邪保平安。接着由当地和外请的民间文艺表演队表演节目，有鱼灯、马灯、船鼓、抬阁、车灯、滑稽表演等。午后开始演戏，日夜连台，远从新昌、嵊州、台州、临海请来的戏团，演戏五天至十天不等，号称"出洋戏"。农历三月二十三日趁良辰吉日，顺风顺水时节，渔船

出海。船埠上人头攒动，为扬帆出海的亲人祝福送行。锣鼓声、鞭炮声震耳欲聋，在开船号声中渔船鼓棹扬帆出海。

谢洋 大典举办在每年黄鱼汛结束，渔船平安归来时，大约在每年的农历六月二十日至六月二十三。举办祭祀内容和方法与开洋节差不多，只是少了请神的环节。这几天，渔村热闹非凡，为感恩大海、感恩神灵，演戏庆丰收、庆平安，号称"谢洋戏"或"还愿戏"（图 8-16）。有的在城隍庙，有的在渔师庙、关帝庙、土地庙，视各村情况而定，但大多数是在天妃宫或娘娘庙。谢洋戏由高产渔船出资包演，盛时连演七天七夜。戏台上挂有"神人共乐"横额，庙里挂灯结彩，供奉三牲福礼。所请戏班有宁海的乱弹班、绍兴高调的笃班，妇女们则

图 8-16　象山东门谢洋戏

喜欢嵊州市越剧班。往往还会加演一出蟠桃大会，还有赏红包环节，戏班子和全场观众皆大欢喜，各渔船船主往往选聘优良戏班以博取众人欢心。庙会期间，村民招呼亲友，人山人海，一派欢乐祥和的气氛（图8-17）。

图8-17　象山谢洋节

祭海仪式

中国开渔节祭海仪式在浙江象山石浦东门渔村举行。仪式上，渔民们敬拜妈祖，祭奠大海，祈求平安丰收。

祭海是象山古老民俗文化的一个重要组成部分。千百年来，这里的渔民就有祭海习俗，渔民们在出海前总要去敬拜妈祖，祭奠大海，祈求平安、丰收。中国休渔制度实施以来，这些风俗愈加被渔民看重。如今，祭海典礼已成为中国开渔节最具特色的活动之一（图8-18）。

图8-18　象山祭海仪式

仪式上，祭海人员向大海行礼三鞠躬，向海神妈祖像敬献花篮，渔村代表向妈祖神像敬香，献上五谷五果和牛羊猪三牲，并献上祭酒。八名赤膊的船老大抬着一头全猪和一只全羊郑重地放到妈祖像前的供桌上。

随后，五名壮汉每人抱着一个大酒坛走上祭台，50名渔家汉子双手托起一只大海碗，面对着广阔的大海，高声喊诵："一敬酒：出入平安；二敬酒：波平浪静；三敬酒：鱼蟹满仓。"（图8-19）最后，船老大们抬着装有大黄鱼、蟹、虾等海产幼苗的水缸向大海冲去。人们呼喊着："放海生喽——"，并郑重地把缸中的海生物放入大海，祈求平安丰收，表达对恢复海洋生态的衷心祈愿。

图8-19　壮汉敬献祭酒

石浦如意娘娘省亲迎亲仪式

如意娘娘相传是妈祖娘娘的妹妹，为象山渔山岛上的渔家少女，当她得知出海捕鱼的父兄海上遇难的噩耗后，奋不顾身冲向大海殉葬。不久，姑娘下海处浮起一段木头，村民为姑娘的孝心打动，将木头雕成一尊佛像，并建娘娘庙供奉。如意娘娘是浙江沿海渔民在歌颂劳作及祈求平安中产生的信俗，后来又演化为浙东象山石浦—台湾台东富岗新村两岸共同朝拜如意娘娘的习俗。

当如意娘娘在台东县富冈新村（小石浦村）村民的专程护送下，到达石浦东门岛时，岛上顿时鼓乐齐鸣，爆竹声声，迎候已久的石浦鱼灯队、鹤浦龙舟队、东门船鼓队以及潮水般涌来的渔民，纷纷以他们特有的虔诚迎接已离别五十余载的如意娘娘回归故里（图8-20）。省亲迎亲仪式按传统方式进行：村口接驾，步行进村，村中路祭，列队进入东门岛天后宫。将如意娘娘顺利"请"入大殿神座后，庙祭开始了，两岸渔民代表互赠礼匾和旌旗，接着司仪念唱，众人祭拜……

图8-20　台东如意娘娘省亲

当年，盘踞在舟山群岛的国民党军队逃往台湾时，将当时石浦镇渔山岛的男女老幼共487人全部强行带走，渔山岛人也"请"走了保佑他们的如意娘娘，后在小石浦村建海神庙供奉。如意娘娘成为当地渔民战胜惊涛骇浪的精神力量（图8-21）。

图8-21 象山如意娘娘信俗

如意娘娘信俗已于2008年6月被列入国家级非物质文化遗产名录，这是目前国家级"非遗"中唯一涵盖海峡两岸的民俗文化。

妈祖巡安仪式

象山石浦渔港妈祖巡安仪式是中国开渔节的重要组成部分。妈祖文化生成于汉文化圈农耕社会的沿海地区，以福建莆田为中心。过去的妈祖巡安活动，主要寄托了出海渔民对平安归来的希望，如今逐渐成为反映中华渔文化的一个载体。作为历史悠久的渔港古镇，石浦的妈祖文化也是由来已久，渔民在出海之前都要向妈祖祈福，以求平安丰收。妈祖文化作为纽带，体现了经济和文化的交融，而妈祖巡安仪式则再现了海洋文化风情。

巡安仪式的当天傍晚，在数千渔民的护送下，妈祖娘娘和台东如意娘娘、渔山如意娘娘、保生大帝、广泽尊王、池府王爷等从东门码头上船。岸上的渔民神情庄重地步入祭祀区，供奉祭品，焚香跪拜，仪态至诚（图8-22）。

图8-22　渔民虔诚祭祀妈祖

当晚6点半，1500艘大马力钢质渔轮静候渔区。渔轮上的横幅书写着"妈祖巡安""安澜赐福""一帆风顺""鱼虾满舱"……每艘渔船都装扮得各具特色，各有主题。数万群众聚集在石浦港，人流如潮。仪式时间到时，耀眼的信号弹划破天空时，由10艘船组成的妈祖巡安队伍，徐徐从东门方向驶来（图8-23）。

图 8-23　妈祖巡安仪式

　　在一艘艘各具特色的巡安渔船上，人们或舞渔灯，或敲船鼓；船上的人身着渔家服装频频向岸上招手示意；已在岸上等候许久，由东门渔村 30 余位船老大妻子组成的渔鼓队挥舞双臂，演奏起迎接巡安队伍的欢快鼓乐，表达了渔家对渔业丰收的期盼。

　　船队在石浦港巡安两圈，不断与岸上观众互动。主体队伍经过后，海上舞台开始放焰火，美丽的烟花绽放在天空，倒映在海里，让人眼花缭乱。这时，观众的欢呼声响成一片，将巡安活动推向高潮。

开船仪式

　　开船仪式的当天上午，石浦渔港内布满了两千多艘渔船，船尾的彩旗伴着微浪在海风中摇曳，安静地等待开船的那一刻。

在锣鼓齐鸣声中，一艘船头供着妈祖神像的彩船缓缓开来，随后的几条彩船上，渔民们则纷纷举起渔灯，生动地再现了鱼、虾、蟹、螺的姿态。这些以"缤纷海洋""人海同欢"为主题的彩船，表达出象山人感恩海洋，和海洋和谐发展的现代观念。

之后，随着两声铜锣的鸣响，渔民兄弟们端起壮行酒，一口下肚。两千多艘钢质渔轮一起鸣笛，朝向大海，起锚开船（图8-24）。一时间笛声、鞭炮声、礼乐声齐鸣，夹杂着渔民们的呐喊："一帆风顺""鱼虾满舱"……整个石浦港沉浸在欢乐的海洋之中。

图8-24 开船仪式

第九章 海洋民俗的交流与传播

海洋文化是世界性的文化现象，而作为海洋文化的一个重要组成部分——海洋民俗文化亦具有世界性。我们拥有辉煌灿烂海洋民俗文化的同时，也拥有悠久的海洋民俗文化交流史。而东海海洋民俗文化作为中国海洋民俗文化中的重要组成部分，亦有着悠久的与国内外其他国家与地区的交流史。

海峡两岸交流

17世纪中期，台湾的海上贸易就已居全球重要位置，在文化方面也受到了欧洲以及日本等诸多文化的影响，形成了独特的海洋文化。而在台湾海峡另一面的大陆东南沿海省市也不同程度地形成了自己独特的海港城市文化。以浙江为例，浙江有着丰富而又灿烂的海洋历史文化，与台湾隔海相望，源远流长的历史加上特殊的地理位置，两地之间的文化交往不断谱写出新的篇章。

妈祖信俗在台湾的传播

妈祖信俗是我国海洋文化的一种重要特质。"有海水处有华人，有华人处有妈祖。"妈祖被人们誉为"海神""护航女神"等，因此形成了海洋文化中最重要的民间信俗崇拜。据史书记载，妈祖信俗在其形成的初期，已在两宋随着海上丝绸之路的拓展传播到海外，但大规模的传播却在明、清两朝的朝廷与民间的重要海事活动中。史载明成祖朱棣遣郑和"七下西洋"，"宣教化于海外诸番国"，弘扬民族汉文化的同时带去了东方海神的信俗文化。

而台湾妈祖信俗的最先传播与两宋间泉州港海峡两岸通商相关。在妈祖信俗的推进过程中，以郑芝龙、郑成功父子为首的郑氏家族起了很大的作用。郑芝龙是福建南安人，最初在海上起兵，游走海峡，穿梭日本，并在我国台湾和泉闽沿海间走私贸易，与荷兰殖民者曾有过密切的交往，但后来悔悟并抗击荷兰殖民者。其子郑成功于1661年率军横渡台湾海峡并击败荷兰殖民者。郑成功收复台湾后，着手屯田开垦，恢复生产，开展贸易，兴办学校，将华夏文明传入台湾。他与他的部属大都是闽南人，当年大都是妈祖信众。郑军在出征时，船上均供奉妈祖像，将其称作"船头妈"或"船仔妈"。在驱逐台湾的荷兰入侵者后，郑氏家族在台湾建造了许多妈祖庙宇，以发扬产生于华夏文明的祖根文化精神。传说在鹿耳门天后宫内，保存着一尊郑成功收复台湾作战时供奉的木雕妈祖像。现在安平开台天后宫供奉的妈祖圣像，传说为郑成功收复台湾前由湄洲岛分灵而来，必须在一年或三年内护送回湄洲祖庙进香，谒祖完毕护驾回銮。信众在此期间，要举行迎驾、绕境、妈祖出巡等庄严而又热烈的活动。

妈祖文化交流增进了海峡两岸民族情感的交流，加强了文化交流，促进了经济贸易往来。妈祖文化已成为中华民族文化的重要组成部分，珍惜这一份珍贵的文化遗产并将其发扬光大，是今天人们的一份责任。

"石浦—富岗如意信俗"的两岸交流

浙东象山县石浦镇渔山渔村、台湾省台东县富岗新村共同信奉着鲜为人知的海上平安孝神——如意娘娘（图9-1）。

渔山列岛地处东海前哨，史上为兵家重地，1955年，盘踞在舟山群岛的国民党军队逃往台湾，强行带走了岛上大部分居民，岛上信众同时也"请"走了他们的如意娘娘，一同前往海峡对岸的台东县的富岗新村落户。

图9-1　石浦—富岗如意信俗

几十年过去了，远赴台东的渔山岛民们将如意娘娘建庙供奉，一边沿袭着原乡的一些习俗祭拜，同时又不断吸收了台湾当地民间信俗的特色。

从20世纪90年代起，海峡两岸如意娘娘的信众们开始了频繁的交流，回乡祭祖活动不断。2007年7月，台东富岗村村民柯位林（亚洲飞人柯受良之父）率渔山岛前辈们与后代组团首次捧台湾如意娘娘小型塑身赴渔山岛祭祖。这是台湾的如意娘娘首回故里，并开创了海峡两岸如意娘娘省亲迎亲风俗（图9－2）。

图9－2　石浦—富岗如意信俗省亲迎亲仪式

目前供奉如意娘娘的保存完好的两座庙宇是浙东渔山娘娘庙和台湾富岗村海神庙。浙东渔山娘娘庙位于北渔山岛大岙，始建于清代，娘娘庙的祭祀时间是农历七月初六，为娘娘生日。台湾富岗村海神庙位于富岗村东海岸，始建于1960年，祭祀时间同样是农历七月初六，不过一般从初一就开始，连祭六天。由于同是海洋渔民的信奉，加上祭祀百姓同族、同祖，故两庙仪式之祭日、祭具、祭品、祭乐，有的完全一致，有的大同小异。

如意娘娘信俗的表现形式主要是：起身祭（如意娘娘在富岗海神庙动身前一天的祭拜仪式），落地祭（如意娘娘队伍到达家乡渔山娘娘庙和东门天后宫村口的落地祭形式），守夜（如意娘娘省亲来访，一般均要在客庙住上几天），赠礼（互赠礼品以示人情往来），客祭（祭拜远道而来的客神如意娘娘），送别祭（如意娘娘回程之日的祭拜仪式），回庙祭（如意娘娘返回台湾本庙的祭拜仪式）（图9-3）。

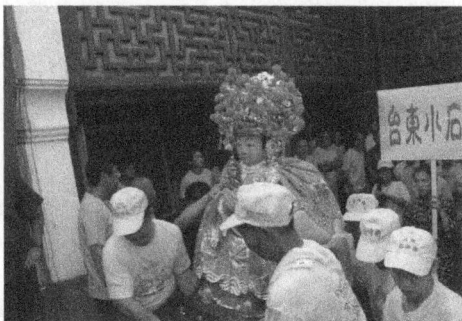

图9-3　石浦—富岗如意信俗

2008年，石浦—富岗如意信俗被列为第二批国家级非物质文化遗产，这充分显示出怀有共同信俗的两岸人们有着同样渴盼团圆的愿望，同宗同祖的民俗文化使得无论相隔多远的同胞都有了一种回家的感觉。

与日韩的交流

海洋民俗文化在具有鲜明民族性的同时也具有流动性。我国东海诸岛与日本、韩国同在太平洋海域，渔民们在公海上交往频繁。摊开亚洲地图，明显地看到在东亚海域，舟山的嵊泗列岛是最邻近日本和韩国的岛屿，嵊泗的花鸟山离日本长崎岛仅200海里，正是这种地理上的优势使得东海海洋民俗与日本、韩国等有了频繁的交流。

徐福东渡传说的日韩流布

秦汉时期，出现了一股由中国至日本的移民潮，徐福东渡是其中最有代表性的一次集团移民事件。对发生在公元前3世纪末的徐福东渡事件，中、日、韩三国历史文献中都有大量的记载。20世纪80年代，中日两国学术界掀起了徐福研究的热潮，一直持续到现在，这些研究以充分的资料证明了徐福东渡在世界航海史上的重要地位和传播华夏文化的伟大功绩（图9－4）。

图9－4　2016中日韩徐福文化象山研讨会

历史文献中记载了徐福在吴越地区起航的事件。据《史记》所记，秦始皇于公元前210年第五次出巡，曾到过会稽之地（今浙江绍兴）。宋代宝庆年间《四明志》载："大蓬山又名达蓬山……秦始皇东游，欲自此入蓬莱仙界，故名。"明代天启年间《慈溪县志》也写道："秦始皇登此山（即指达蓬山），谓可以达蓬莱而东眺沧海，方士徐福之徒，所谓跨溟蒙泛烟涛，求仙采药而不返者也。"与此同时，吴越地区民间也一直流传着许多徐福东渡的民间传说。这些传说以慈溪达蓬山为中心，沿着秦始皇第五次南巡的路线分布，多以地名传说为主，如达蓬山附近的埋马山、千人坛、小休洞、磨坊冈墩、东霍山、徐福祠、秦渡庵遗址和摩崖石刻等，不少还配有情节生动的民间故事。总之，据方方面面文献考证，在秦汉时期，吴越地区既存在着迫切的向外移民的需求，又具备向外移民的政治、经济、航运等方面的有利条件，还有着向外移民的悠久传统，再加上有关移民日本的一些文献记载和考古证明，徐福在吴越地区东渡的可能性是很大的。

值得注意的是，这些在中国沿海地区广泛流传的有关徐福东渡事件的地方传说，在韩国和日本也同样大量存在，其内容也比中国史书中的记载要丰富生动许多。

按徐福的北路航线来说，徐福东渡后首先到达了韩国，因此韩国有不少相关的传说。在朝鲜半岛南部，商洲里锦山中部山麓的面海岩石上，刻有"徐福过此"和"徐福起拜"的文字，刻面为1平方米，19世纪的朝鲜学者吴京认为这是汉字初期阶段的象形文字。当地传说秦始皇听徐福进言后，派使者来朝鲜半岛求长生不老仙草，返回时在此刻下了这些字。到20世纪80年代中叶，在与此岩刻仅隔一山的一个石洞里，又发现了一幅壁画，上画动物、船只以及人物形象，洞外刻有脚印，小路旁还有象征太阳的画面。另外，在济州岛的朝天浦岩石上，刻有"朝天石"三字，传说与徐福到过济州有关。

日本作为徐福"止王不来"（留下称王不再回来）的地方，各类传说数量多，分布范围广。据学者调查，在日本国内，有关徐福和千童的遗迹就多达56处（图9-5），这些地区都有丰富的徐福传说流传于世。日本佐贺县诸富町是传说中的徐福登陆地，遗迹比较集中，如伊万里港、徐福上陆地石碑等。还有徐福登陆后经过的黑发山、白鹭温泉、杵岛山、稻佐山、龙王崎等都伴有生动传说。其他如鹿儿岛县、福冈县、山口县、和歌山县、爱知县、京都府等都有大量与徐福活动相关

图9-5　徐福登陆日本的地方

的传说。这些传说紧接着中国和韩国的传说故事进一步展开，描述了徐福移民集团的航线，中途离散人员的去处，导航所用的浮杯，船航行时形成的单侧芦苇，他们上岸后的迁徙路径，遇到沼泽地时用布匹铺地克服困难；甚至掘井洗手，与原住民恋爱；教原住民稻作蚕桑、行医用药，使秦姓族人繁衍定居；直到徐福及其随从的死亡、死后的安葬和建神社祭祀、徐福及其随从遗物的神化等，几乎无所不包，且逐渐增加了神话色彩。

流传在日本的这些徐福故事，在情节上与中国的民间故事相连接，在徐福形象方面也与中国传说所塑造的形象相当一致，都是一个才智出众、普惠众生、道术通神的人物，最终被供入神社，受万人景仰。一个历史人物的事迹，在民间文学中得到再创造并广为流布，是常见的现象，它能反映出不同历史时期民间对该人物的爱憎臧否，寄托他们的理想和追求。但对同一人物有一大批相互联系的民间故事群，而且分布到三个有不同民族文化、操不同民族语言的国家，形成一个庞大的民间故事系列，则是很少见的。

此外，日本民间还流行着大量的徐福游艺性祭祀活动，它们不仅反映了日本人民对徐福这一历史人物的肯定和崇敬，而且也反映了日本民俗中对于中国华夏文化成分的吸收与利用。在日本，祭祀徐福的神社几乎遍及全国，分别祭祀着徐福及其七名子孙和有关人士带到各地的神灵及遗物。日本民间的这种偶像崇拜和信奉习俗，和我国吴越地区的十分相似。徐福祭祀活动是日本神社活动的重要内容之一，而且常常和当地民间一些游艺活动结合起来，形成和我国庙会、兰街等礼拜庙会活动极其相似的民间祭祀行为方式，主要有以下几种。

徐福大祭

日本金立山神社中供奉的金立大权现，就是徐福的金身像。金立神社祭典时有大祭、例祭、祈愿祭等多种，几乎每月都有，平时最吸引人的是正月的"五日祭"和二月的"初午祭"。除此之外，大旱之时还有随时求雨的祭事等。每50年举行一次于农历三月末的"徐福大祭"，则更是异常隆重，民间又称"氏子节"。徐福大祭期间行祭队伍多达千余人，马路两侧人头攒动，观者如潮。参加祭典的大多是氏子（即氏神后裔）。祭典开始，由八名童男氏子抬出徐福神舆，他们身穿白色衣裳，头戴乌纱僧帽，脚穿特制的草履，全身白衣服令人联想到春秋战国时的华夏风俗。他们首先来到阿辰观音庙，众童女则拥随徐福神舆串街过市，至海边面向西方行祭拜礼，然后沿原路返回，将徐福神舆放归神位。

徐福万灯祭

这是民间集灯火、文艺表演为一体的祭祀徐福的文艺形式，在新宫、熊野地区比较普遍，日期则不尽相同。祭祀活动中排在前面的是中国式的鼓乐队，乐队后面是天狗队、徐福立像和龙灯队。徐福像安装在特别的机动车上，由日本的童男童女牵引麻绳徐徐前行。一位少妇扮演的丹鹤姬，端坐在敞篷车上，一动不动，好像雕塑一般。再后面是身着和服的少妇，随着音乐节拍尽情地舞蹈。整个表演队伍二百五十多人，按路线沿街表演，所经之处，张灯结彩，万头攒动。徐福像经过时，有的人合掌鞠躬，有的人热烈鼓掌，人们以各种方式虔诚地向自己的恩人徐福表示崇高的敬意。

火花大会

利用火花大会祭祀徐福，在日本流行的地区比较广，尤其在新宫、熊野比较普遍，历史也比较长。在祭祀活动中，僧人诵经后，六十响高空礼炮拉开了火花大会的序幕。礼花是徐福的崇拜者捐赠的，整个火花大会共有一千两百余发十七组礼花，各具特色。火花大会一般持续两个多小时，以一组中国式的礼花结束大会。

徐福供养祭

这是在徐福墓地举行的祭奠仪式。徐福墓前樟树林内挂了写有日本文字的彩带，一张新制的祭台上，摆放着地瓜、萝卜、稻穗、鱼干和苹果，还摆有香炉和燃着的蜡烛、线香等。六位僧人在祭台前分坐两旁，参加祭祀的人员坐在临时搭起的布棚内。供养祭内容主要是颂扬徐福泛海东渡的功绩，使日本从原始绳纹时代一跃而为弥生时代。供养祭专门有烧香议程，先是身份地位较高的人到祭台前挖几粒谷子似的东西放进燃有香火的钵子里，钵子里冒出芳香的缕缕青烟；接着是所有参加祭典的人排成长队依次进行；最后以僧人击镲奏乐结束祭典，整个活动持续一个多小时。

总之，日本、韩国的徐福祭祀活动多种多样，像日本新宫地区每年收获季节之后的丰收祭、收获祭、御粥祭；熊野滩一带的御船祭、三轮崎祭；串木野镇国寺的徐福花冠祭等，各种各样的祭祀活动世代相传，都是民间自发组织，自觉参加，随意捐赠，这种祭祀活动已逐渐演变成民间的节日盛典。在韩国，同样有类似的祭祀活动，如济州岛的"徐福七十里祭"就和日本的"徐福大祭"、中国的台阁庙会很相似。这些日韩的徐福祭祀游艺活动在民间自娱自乐的同时，还承担着民间习俗的教化传承功能，对传播继承那些已融入本土的吴越文化有着难以替代的作用。

海洋动物民间故事的东亚传播

中、日、韩三国都是位于西太平洋沿岸的东亚国家，都有漫长的海岸线。众多的海港与无数的海岛为千百年来东亚国家的文化交流奠定了重要的基础，并使许多具有海洋文化特点的海洋动物故事得到了广泛的传播。从吴越地区的范围来看，北自连云港，南至温州湾，其间分布着大大小小的海湾与岛屿，它们构成了吴越地区颇具海洋文化特色的沿海文化形态。

由于相似的地形特点与文化背景，吴越地区的许多有关海洋动物的故事在日本、朝鲜等东亚国家的民众中也有广泛的流传，并且形成了一些较为明显的相似性特点。例如，流传于中国东海沿岸地区的浙江洞头、玉环等海岛的《水母丞相》《海蜇的故事》等民间故事，与流传于日本九州岛的《没有骨头的海蜇》《活猴肝》以及朝鲜半岛的《水母》等民间故事具有很大的相似性，它们都是属于同一类型的海洋动物故事，不但思想主题基本相同，而且内容情节也大同小异。

浙江温州洞头岛小北岙村的《水母丞相》主要讲述的是：龙王得病，派水母丞相去取动物心肝治病，水母丞相骗取白兔到龙宫，白兔急中生智逃出龙宫，水母丞相被撤职惩罚，一直漂浮在浅海，永远不得入宫。浙江台州玉环岛地区流传的《海蜇的故事》大致与《水母丞相》相似，只是将水母换成了海蜇、白兔换成了猢狲，因为海蜇的失误，龙王"名正言顺"地将海蜇心肝挖出来为自己治病。

日本流传的《没有骨头的海蜇》讲述的是：龙王派乌龟去诓骗猴子进龙宫，想让猴子剖腹取胆为自己治病。由于海蜇多嘴走漏风声，猴子随机应变，以自己的胆没带在身上为借口，逃回山林。而海蜇却受到抽筋抽骨的处分，从此没有骨头只好漂浮在海上。《活猴肝》的内容基本与此相同，只是龙王的妃子要生孩子想吃猴肝，机灵的海龟已将猴子骗到海底，而守门的卫兵海蜇多嘴，才让机灵的猴子骗说肝晾在树枝上而逃跑了。因此龙王大发雷霆剥取海蜇皮，抽取海蜇的骨头，使海蜇变成了如今这副样子。而在朝鲜半岛流传的《水母》，其主要内容也是有关水母失责受罚之类，海龙王的爱女因边看跳舞边吃胡桃，喉咙一不小心被胡桃卡住，于是海龙王派水母去请仙鹤，最后仙鹤未请来，水母因此被海龙王惩罚，被打得连骨头都跳了出来。

由此可见，日本的《没有骨头的海蜇》《活猴肝》的故事情节与浙江温州洞头岛小北岙村的《水母丞相》及台州玉环岛地区流传的《海蜇的故事》大致相似，可以说是洞头、玉环民间故事的翻版。

《水母丞相》《海蜇的故事》《没有骨头的海蜇》这类故事来源于何处？有关专家指出，这些故事多产生在释迦牟尼降生以前，其中不少是人们自己创造的，反映了他们的爱与憎、祈求与希望，在人们口头广泛流传后，通过佛教徒结集的记录，保存至今。佛经中的许多故事传播到中国民间，被人们改造为具有中国色彩的故事，然后再传播到日本、朝鲜以及韩国。

与其他各国的交流

地处中国东南沿海的浙江，在中国对外文化交流上一直走在前列。早在河姆渡文化时期，浙江地区的人们就通过海上航线与东亚、东南亚国家发生频繁的联系。随着历史的不断发展，特别是在16世纪新航路开辟后，越来越多的西方人开始认识并了解浙江，使浙江沿海地区的对外文化交流进入了一个全新的时期。

浙江独特的地理位置使其在整个中外交流史中曾起过重要的作用，但这一作用在以内陆线路为主的中外交流时期并不突出。因此，在元代之前，西方人还未能涉足这片热土，直到马可·波罗（图9-6）的到来。可以说，马可·波罗是新航路开辟前来到浙江的第一个西方人。他写的《马可·波罗游记》一书在西方广泛传播，书中对浙江的描述在很大程度上激发了西方人对中国的好奇和向往，这一切在某种程度上也成了新航路开辟的内在因

图9-6　马可·波罗

素之一。

卫匡国（图9-7）是中国
明清交替之际来华的耶稣会会
士、欧洲早期著名汉学家、地理
学家、历史学家和神学家。他两
次来华，在中国至少游历了内地
十五省（两京、十三布政司）中
的六七个省，对中国山川地理、
人物掌故详熟于胸。卫匡国在中
国历史学和地理学研究方面取得
了卓越的功绩，是继马可·波罗

图9-7 卫匡国

和利玛窦之后，对中欧文化交流做出杰出贡献的又一位重要历
史人物。同时，卫匡国在中国的十三年，多数时间是在浙江，
最后被安葬在杭州。他更是真正意义上从政治、历史、文化、
地理、风俗等多方面了解浙江的欧洲第一人。

在众多传教会的传教士中，美魏茶、艾绥斯、娄礼华、慕
雅德等几位强于著述的西方传教士也将他们了解的浙江的各个
方面用文字形式记录下来，为读者勾画出19世纪中叶前后西
方人眼中的浙江。美魏茶更多关注的是浙江的风土人情、社会
制度等方面；艾绥斯用同情的眼神关注浙江妇女的苦难；慕雅
德则对浙江地区的传说、典故如数家珍，他们都十分重视对浙
江地方民俗文化的宣扬。

在浙江地方民俗文化中，海洋民俗文化是十分重要的部
分。浙江有漫长的海岸线，海洋文化气息浓厚，以出海捕鱼、

滩涂养殖为主要特征的渔业是浙江人的主业之一。黑格尔曾经谈到海洋对人类生存的影响时说："大海邀请人类从事征服，从事掠夺，但是同时也鼓励人类去追求利润，从事商业。"由此可见，海洋对于濒海而居和以航海谋生的浙江人的影响是巨大的，它孕育了浙江人敢冒风险、敢为人先、吃苦耐劳和善于应变的性格特征，也形成了浙江人头脑里强烈的开放意识。

据《鄞县①舆地记》所述，浙江宁波的居民早在秦汉时期就常与海外人民进行贸易交换，"邑中以其海中物产于山下贸易，因名鄞县"。宁波古名鄞县由此而来。杭州在吴越时期（907—978年），其对外贸易也已初具规模，逐渐发展了和日本、高丽（今朝鲜境内）、大食（今阿拉伯地区）等地区的民间贸易。到了唐朝，浙江经济迅速发展，商品经济日趋繁荣，日本等国的商船多次停泊在浙江省明州（宁波旧称）、台州、温州等港口，相互进行贸易往来。与此同时，浙江与外界的文化交往也日趋频繁，著名的遣唐使阿倍仲麻吕（汉名晁衡）和名僧最澄法师就是从宁波港返国的。宋元时期的近400年间，是浙江海外贸易繁荣兴盛的阶段，杭州、宁波等地还逐渐发展了与东南亚、南洋、阿拉伯等世界各地区的通商贸易，输出的货物品种日益增多，贸易额不断扩大。到了明代中叶，由于我国东南沿海受到倭寇的侵扰，海路不安宁，明清统治者实行了海禁政策，为此浙江海外贸易的发展曾一度受挫。但正是因为浙江在历史上与世界各国有着频繁的经济、文化交流，使得浙

---

①鄞县现已为鄞州区。

江海洋民俗文化也随之得到了广泛的传播与交流。

在中外交流中，不得不提海上丝绸之路。海上丝绸之路也叫"陶瓷之路""丝绸之路""香料之路""茶叶之路"，是古代中国与外国交通往来的重要海上通道。在陆上丝绸之路之前，已有了海上丝绸之路。海上丝绸之路是古代中国与外国交通贸易和文化交往的海上通道，它主要有东海起航线和南海起航线，形成于秦汉时期，发展于三国至隋朝时期，繁荣于唐宋时期，转变于明清时期，是已知的最为古老的海上航线。在唐、宋、元的繁盛期，中国境内海上丝绸之路主要由广州、泉州、宁波三个主港和其他支线港组成。

宁波的海外交通始于东汉晚期。这一时期，舶来品和印度佛教已通过海路传至宁波地区。唐长庆元年（821年）明州迁至三江口后，政府进行了构建州城、兴建港口、置官办船场、修杭甬运河等一系列重大举措，使明州成为中国港口与造船最发达的地区之一，跻身于四大名港之列。日本遣唐使先后四次在明州登陆入唐。明州商团崛起，越窑青瓷远销世界各地，中国的东海航线主要由宁波进出港。宋元时期，明州港是中国三大国际贸易港之一。北宋淳化二年（991年）明州始设市舶司，成为中国通往日本、高丽的特定港，同时也始通东南亚诸国。明州两次受旨打造"神舟"，造船技术居世界领先地位。

如今，在世界经济一体化的背景下，海上丝绸之路再次被提到议事日程。海上丝绸之路自秦汉时期开通以来，一直是沟通东西方经济文化交流的重要桥梁，而东南亚地区自古就是海上丝绸之路的重要枢纽和组成部分。2013年，习近平总书记基于历史，着眼于中国与东盟建立战略伙伴十周年这一新的历史起点，为进一步深化中国与东盟的合作，构建更加紧密的命运共同体，为双方乃至本地区人民的福祉而提出"21世纪海上丝绸之路"的规划倡议。

　　总之，包括海洋物质生活民俗、海洋人生仪礼民俗、海洋生产竞技民俗、海洋信俗禁忌民俗、海洋民间文艺民俗、海洋渔风节日民俗等在内的浙江海洋民俗文化正日益引起世界各国的关注。借助于世界经济、文化交流的有利平台，这些海洋民俗正逐步走出国门，融入四海，成为影响和推动浙江经济的核心文化因素。与此同时，以海洋民俗文化为核心所形成的国家级、省市级、县区级非物质文化遗产正逐渐引起各级政府部门及广大民众的关注（图9-11），并得到了有效地传承与保护。

图9-11　舟山2006年第一个文化遗产日宣传活动

附录一：浙江省非物质文化遗产保护条例

《浙江省非物质文化遗产保护条例》，共七章、四十八条（含附则），自2007年6月1日起施行。这是为了加强对非物质文化遗产的保护，继承和弘扬优秀传统文化，根据有关法律、行政法规，结合浙江省实际而制定的，适用于该省行政区域内非物质文化遗产的保护和管理。

（2007年5月25日浙江省第十届人民代表大会常务委员会第三十二次会议通过）

第一章 总则

第一条 为了加强对非物质文化遗产的保护，继承和弘扬优秀传统文化，根据有关法律、行政法规，结合本省实际，制定本条例。

第二条 本省行政区域内非物质文化遗产的保护和管理，适用本条例。

本条例所称非物质文化遗产，是指各族人民世代相承的、与群众生活密切相关的各种传统文化表现形式和文化空间，包括：

（一）口头传统，包括作为文化载体的语言；

（二）传统表演艺术和传统竞技；

（三）传统手工艺技能和民间美术；

（四）传统礼仪、节庆、民俗活动；

（五）民间传统知识和实践；

（六）与上述传统文化表现形式相关的资料、实物和文化空间；

（七）其他需要保护的非物质文化遗产。

第三条　非物质文化遗产保护坚持政府主导、社会参与，贯彻保护为主、抢救第一、合理利用、传承发展的方针。

第四条　各级人民政府应当加强对非物质文化遗产保护工作的领导，将保护工作列入重要议事日程，建立协调机制，实施有效保护。

县级以上人民政府应当制定非物质文化遗产保护规划，将非物质文化遗产保护事业纳入国民经济和社会发展规划。

第五条　县级以上人民政府文化行政部门主管本行政区域内非物质文化遗产的保护工作。

县级以上人民政府发展改革、财政、民族宗教、经贸、建设、规划、环境保护、国土资源、教育、旅游、体育、文物等部门应当按照相关法律、法规和各自职责做好非物质文化遗产保护工作。

宣传、新闻出版、广播电视等部门以及相关媒体应当宣传非物质文化遗产保护工作，普及非物质文化遗产保护知识，培养全社会非物质文化遗产保护意识。

文联、社联、科协、作协和有关行业协会、学会等组织应当积极参与非物质文化遗产保护活动，按照各自章程和职责做好非物质文化遗产保护工作。

任何单位和个人都有保护非物质文化遗产的义务。

第六条　县级以上人民政府及文化行政部门对非物质文化遗产保护工作中做出显著成绩的单位和个人，应当予以表彰和奖励。

第二章　保护职责与保护经费

第七条　县级以上人民政府应当根据非物质文化遗产保护工作的实际需要，加强保护管理工作机构和专业队伍建设。

第八条　县级以上人民政府文化行政部门应当履行非物质文化遗产保护的下列职责：

（一）宣传贯彻非物质文化遗产保护法律、法规，督促相关单位、个人履行非物质文化遗产保护义务；

（二）组织实施本行政区域非物质文化遗产保护规划；

（三）组织开展非物质文化遗产的普查、发掘、整理、评审、研究等工作；

（四）组织开展非物质文化遗产展示、交流活动；

（五）监督检查非物质文化遗产的保护、管理和利用情况；

（六）其他非物质文化遗产保护的相关工作。

第九条　各级人民政府应当保障非物质文化遗产保护所需经费，保护经费列入财政预算。

县级以上人民政府根据需要设立非物质文化遗产保护专项资金，主要用于：

（一）非物质文化遗产的普查、发掘、整理；

（二）非物质文化遗产珍贵资料、实物的征集和濒危非物质文化遗产的抢救；

（三）对非物质文化遗产代表性传承人、代表性传承单位的资助或者补助；

（四）非物质文化遗产的展示、展演；

（五）非物质文化遗产保护的宣传、培训、研究；

（六）其他重要的非物质文化遗产保护事项。

非物质文化遗产保护专项资金应当加强管理，专款专用，不得挪作他用。

第十条　各级人民政府及有关部门应当加强对少数民族非物质文化遗产的保护、发掘和整理，在资金、技术和人员培训等方面对少数民族地区开展非物质文化遗产保护工作给予重点扶持。

省人民政府应当对经济欠发达地区和少数民族地区的非物质文化遗产保护工作给予必要的经费支持。

第十一条　建立非物质文化遗产保护专家咨询制度。

县级以上人民政府及文化行政部门在编制非物质文化遗产保护规划、评审非物质文化遗产项目、认定非物质文化遗产代表性传承人和代表性传承单位等工作中，应当听取专家的意见和建议。

第十二条　各级人民政府及有关部门应当鼓励和支持非物质文化遗产保护的民间性活动，对开展相关活动给予指导，根据有关规定给予资助。

鼓励社会以捐赠、认领保护、设立保护专项资金等形式支持非物质文化遗产保护事业。公民、法人和其他组织向非物质文化遗产保护事业捐赠的，享受国家和省有关优惠待遇。

第三章　名录与传承

第十三条　县级以上人民政府应当制定非物质文化遗产普查计划，有关部门应当按计划要求对非物质文化遗产进行普查，对普查结果进行分类、登记；具有重要历史、文化、科学价值的项目，按规定程序列入非物质文化遗产名录。

第十四条　单位和个人可以向所在地文化行政部门申报非物质文化遗产名录项目；申报书应当说明其历史沿革、现存状况以及所依存的自然和社会环境，并提出具体保护计划和措施。

第十五条　建立省、市、县非物质文化遗产名录体系。

省级、市级和县级非物质文化遗产名录项目，分别由同级人民政府文化行政部门组织专家评审、向社会公示，由同级人民政府批准公布，并报上一级人民政府备案。

国家级非物质文化遗产的申报和评定，按照国家有关规定执行。

第十六条　对列入非物质文化遗产名录的项目，县级以上人民政府应当明确保护责任单位，落实保护责任。

保护责任单位应当按照项目申报书提出的保护计划和措施履行保护义务，并按年度向项目所在地文化行政部门报告保护计划实施情况。

第十七条　非物质文化遗产的代表性传承人和代表性传承单位，由县级以上人民政府文化行政部门确认和命名。

确认和命名非物质文化遗产代表性传承人和代表性传承单位，应当组织有关专家评审，并向社会公示。公示期满，对公示对象没有异议或者异议不成立的，予以确认、公布，并报上一级文化行政部门备案。

第十八条　符合下列条件的公民，可以申请或者被推荐为非物质文化遗产代表性传承人：

（一）掌握某项非物质文化遗产的表演艺术、传统工艺、制作技艺等表现形态；

（二）在一定区域内被公认具有代表性或者较大影响；

（三）积极开展传承活动，培养后继人才。

第十九条　符合下列条件的组织和团体，可以申请或者被推荐为非物质文化遗产代表性传承单位：

（一）掌握某项非物质文化遗产的表演艺术、传统工艺、制作技艺等表现形态；

（二）具有若干名该项非物质文化遗产的代表性传承人，并积极开展传承活动；

（三）保存该项非物质文化遗产的原始资料、代表性实物；

（四）在一定区域内被公认具有代表性或者较大影响。

第二十条　代表性传承人和代表性传承单位享有下列权利：

（一）开展传艺、展示技艺、讲学以及艺术创作、学术研究等活动；

（二）依法向他人提供有关原始资料、实物、场所等；

（三）取得有关活动相应的报酬；

（四）开展传承活动有困难的，可以申请县级以上人民政府予以支持；

（五）其他与非物质文化遗产保护相关的权利。

第二十一条　代表性传承人和代表性传承单位应当履行下列义务：

（一）保存、保护所掌握的知识、技艺及有关原始资料、实物、场所；

（二）积极开展展示、传播等活动；

（三）按照师承形式或者其他方式培养新的传承人；

（四）其他与非物质文化遗产保护相关的义务。

第二十二条　各级人民政府应当支持代表性传承人和代表性传承单位开展传承活动，支持的主要方式有：

（一）提供必要的场所；

（二）给予适当的资助；

（三）促进交流与合作；

（四）其他形式的帮助。

县级以上人民政府对有突出贡献的代表性传承人和代表性

传承单位，可以授予相应的荣誉称号；对有突出贡献的代表性传承人，可以给予适当的津贴。

第二十三条　非物质文化遗产的代表性传承人、代表性传承单位丧失传承能力、无法履行传承义务的，由县级以上人民政府文化行政部门另行确认并公布代表性传承人、代表性传承单位；怠于履行传承义务的，取消其代表性传承人、代表性传承单位的资格。

第二十四条　鼓励、支持教育机构将非物质文化遗产纳入教育内容，开展普及优秀非物质文化遗产知识的活动，建立传承教学基地，培养非物质文化遗产传承人才。

第四章　保护措施与管理

第二十五条　对濒危的有重要价值的非物质文化遗产，县级以上人民政府文化行政部门应当会同有关部门采取科学有效的措施，及时进行抢救性保护。实施抢救性保护应当在专家指导下制定周密的方案，保持非物质文化遗产的原真性和完整性。

对非物质文化遗产实施抢救性保护，可以依法采取下列措施：

（一）采用文字、录音、录像等方式进行真实、完整记录、整理；

（二）征集、收购相关资料、实物，保存、保护相关建筑物、场所等；

（三）其他可以依法实施的抢救措施。

征集、收购活动应当遵循自愿、公平原则，合理作价，并标明出让者的姓名。征集、收购的资料、实物，由县级以上人民政府文化行政部门指定的机构妥善保管。

第二十六条　对列入非物质文化遗产名录的项目，县级以上人民政府文化行政部门应当及时跟踪调查保护情况，建立专门档案，并采取有效措施，使非物质文化遗产得到传承、弘扬。

对列入非物质文化遗产名录项目所涉及的建筑物、场所、遗迹等，县级以上人民政府应当在城乡规划和建设中采取有效措施予以保护。

第二十七条　对与非物质文化遗产密切相关的天然原材料，县级以上人民政府及有关部门应当采取限量开采、提高利用率等措施予以保护。

第二十八条　传统文化生态保持较完整，并具有特殊价值的村落或者特定区域，可以建立非物质文化遗产生态保护区。非物质文化遗产生态保护区应当划定保护范围，设立保护标志。

非物质文化遗产生态保护区的设立条件、程序和保护办法，由省人民政府另行制定。

第二十九条　传统民间艺术特色鲜明，并具有广泛群众基础的区域，可以命名为民间文化艺术之乡。

民间文化艺术之乡由省人民政府文化行政部门命名。

第三十条　非物质文化遗产丰富的地方，县级以上人民政府应当建立专题博物馆，收藏、保存和展示当地的非物质文化遗产。

鼓励单位和个人兴办专题博物馆、展示室等，展示非物质文化遗产。

文化馆（群艺馆）、图书馆、博物馆等文化机构，应当组织开展相关非物质文化遗产的展示活动。

第三十一条　列入非物质文化遗产名录的表演艺术、传统工艺和制作技艺等，属于国家秘密的，应当按照国家保密法律、法规规定的程序确定密级，并予以保护；属于商业秘密的，按照国家有关法律、法规执行。

纳入保密范围的非物质文化遗产的传授、使用和转让，应当依照法律、法规规定的方式、途径进行。

境外团体和个人到本省行政区域内对非物质文化遗产进行学术性考察与研究，应当事先报县级以上人民政府文化行政部门备案；对具有保密性非物质文化遗产进行学术性考察与研究，应当报经省人民政府文化行政部门会同有关部门批准。

第三十二条　非物质文化遗产的知识产权及其基于传统知识、民间文艺所产生的其他权利，依法予以保护。

第三十三条　珍贵的非物质文化遗产原始资料和实物，限制经营、出境。具体办法按照国家和省有关规定执行。

第五章　科学研究与合理利用

第三十四条　县级以上人民政府应当支持非物质文化遗产

科学研究工作，培养和引进相关专业人才，促进非物质文化遗产科学研究专业人才队伍建设。

县级以上人民政府文化行政部门应当会同有关部门制订非物质文化遗产的科学研究规划，明确重点科研项目，采取课题申报和项目招标等方式，推动非物质文化遗产的科学研究。

第三十五条　鼓励、支持大专院校、科研机构开展非物质文化遗产理论和实践结合的科学研究，提高非物质文化遗产保护和合理利用的科学水平。

鼓励、支持企业事业单位、团体和个人开展非物质文化遗产相关内容的科研活动；鼓励、支持与境外的组织和个人依法开展非物质文化遗产科学研究的合作与交流。

第三十六条　鼓励、支持以弘扬优秀非物质文化遗产为目的的文学艺术创作；有计划、有重点地做好优秀非物质文化遗产的原始文献、典籍、资料等的整理、翻译、出版和研究工作。

第三十七条　各级人民政府应当采取有效措施，对与非物质文化遗产相关的、具有较高价值的民居、建筑物、场所等加以维护、修缮，具备条件的应当向公众开放。

第三十八条　鼓励建立非物质文化遗产合理利用的基地，科学合理开发利用非物质文化遗产资源，促进非物质文化遗产适度运用于文化、旅游等相关产业发展。

第三十九条　利用非物质文化遗产进行创作、改编、表演、展示、产品开发、旅游等活动，应当尊重其原真性和文化内涵，不得歪曲滥用。

第四十条　在开展非物质文化遗产考察、采访和其他相关活动中，不得非法占有、损毁非物质文化遗产的资料、实物，不得侵害非物质文化遗产权利人的合法权益。

第六章　法律责任

第四十一条　违反本条例规定的行为，法律、行政法规已有行政处罚规定的，从其规定；构成犯罪的，依法追究刑事责任。

第四十二条　违反本条例规定，对国家所有的非物质文化遗产资料、实物保护管理不力的，由县级以上人民政府文化行政部门责令改正；造成遗失或者严重损坏的，对直接负责的主管人员和其他直接责任人员依法给予行政处分。

第四十三条　违反本条例规定，侵占、破坏列入非物质文化遗产名录项目的资料、实物、建筑物、场所等的，由县级以上人民政府文化行政部门责令改正、恢复原状或者赔偿损失，可处两千元以上两万元以下的罚款；情节严重的，处两万元以上十万元以下的罚款。有违法所得的，没收违法所得。

第四十四条　违反本条例第三十一条第三款规定，未经备案对非物质文化遗产进行学术性考察与研究的，由县级以上人民政府文化行政部门责令改正，可处两千元以上两万元以下的罚款。未经审核批准对具有保密性的非物质文化遗产进行学术性考察与研究的，由省人民政府文化行政部门处五千元以上五万元以下的罚款；情节严重的，处五万元以上十万元以下的罚款。有考察所得资料、实物的，依法予以没收。

第四十五条　违反本条例第四十条规定的，占有、损毁非物质文化遗产资料、实物的，由县级以上人民政府文化行政部门责令改正；情节严重的，处两万元以上十万元以下的罚款。

第四十六条　县级以上人民政府文化行政部门、其他有关行政部门工作人员违反本条例规定，有下列情形之一的，由其上级主管部门或者监察部门对直接负责的主管人员和其他直接责任人员依法给予行政处分：

（一）不按照本条例规定履行保护管理职责，造成后果的；

（二）不按照本条例规定采取科学有效保护措施，造成濒危非物质文化遗产失传的；

（三）不按照本条例规定履行审核、申报职责的；

（四）违法实施行政处罚的；

（五）其他违法情形。

第七章　附则

第四十七条　本条例所指的与非物质文化遗产相关的资料、实物、建筑物和场所，已被确定为文物或者文物保护单位的，适用文物保护法律、法规。

本条例所称的文化空间，是指定期举行传统文化活动或者集中展现传统文化表现形式的场所，兼具空间性和时间性。

第四十八条　本条例自2007年6月1日起施行。

附录二：浙江省各级海洋非物质文化遗产名录

　　根据联合国教科文组织2003年10月17日通过的《保护非物质文化遗产公约》中的定义，非物质文化遗产指被各群体、团体，有时为个人，视为其文化遗产的各种实践、表演、表现形式、知识体系和技能及其有关的工具、实物、工艺品和文化场所。这种非物质文化遗产世代相传，在各社区和群体适应周围环境以及与自然和历史的互动中，被不断地再创造，为这些社区和群体提供认同感和持续感，从而增强对文化多样性和人类创造力的尊重。非物质文化遗产包括：口头传统和表述，包括作为非物质文化遗产媒介的语言；表演艺术；社会风俗、礼仪、节庆；有关自然界和宇宙的知识和实践；传统的手工艺。

浙江省国家级海洋非物质文化遗产保护名录

　　据相关资料统计，浙江省目前拥有国家级海洋非物质文化遗产保护项目共16项，分别如下：

1. 象山渔民号子

象山渔民号子，由传统渔业生产上的渔民号子和海洋运输业中船工号子等组成，统称渔民号子。它是渔民、船工在长期的生产、劳动实践中自发创造的一种文化现象。它有着与众不同的独特风格和强烈的海洋生活气息，充满着渔民、船工的乐观主义精神和雄壮、豪迈、朴实、奔放的个性，是人们了解和熟悉象山渔民豪爽、粗犷、开朗的性格的载体。

象山三面环海，境内海岸线曲折，港湾众多，更有著名的大目、猫头、渔山三大渔场。清中叶至民国直到中华人民共和国成立初期，江、沪、浙、闽等东南沿海各省数以万计渔民聚集三个渔场围捕大黄鱼、带鱼等经济鱼类，大部分渔船都在县内的石浦、爵溪等地停泊、加工鱼货及生活补给，为此，石浦（东门）、爵溪就成了象山渔民号子的主要发源地和传承地。

象山渔民号子在唐宋时期已经初步形成，清康熙年间至民国期间达到繁荣程度。20世纪60年代中期，由于手工化捕鱼作业逐渐被机械化所替代，繁重的劳动逐渐变得轻松，号子的生存空间不断萎缩，渔民号子渐渐消失。

在20世纪60年代中期以前，象山渔区都以木帆船为捕鱼和海上交通的主要工具。船上一切工序全靠手工操作，集体劳动异常繁重。各种工序都要喊号子以统一行动，调节情绪，为此形成了丰富的号子。象山渔民号子按工序分为："起锚号子""拔篷号子""摇橹号子"等二十多种；按操作所需要的力度大小又可分为：大号、小号、一六号和对号等；各类号子相互灵活通用。

象山渔民号子品种相对较全，曲调粗犷，有着鲜明的海洋文化特征，具有厚重的历史价值和独特的艺术价值。象山渔民号子作为象山海洋特色的民间艺术形式，在象山县海洋文化大县建设的进程中，已列入了被保护的行列，并通过各种办法和手段，取得了实质性的保护成果。

2. 渔民开洋、谢洋节

象山开洋、谢洋节包括渔民祭祀活动和传统民间文艺表演等内容，距今已有一千多年历史。这些活动的原始意义是希望神灵保佑出海能一帆风顺，满载而归。开洋、谢洋节作为渔民一种精神寄托，主要有娱神、娱人两大板块，以祭祀为核心，具有祭祀对象的多元性（天后娘娘、城隍老爷、王将军菩萨、鱼师大帝等），祭祀地点的广泛性（庙宇、海岸、码头、港口、渔场等），祭祀形式、内容的多样性（包含拜船龙、开洋节、谢洋节、祭小海、太平节、祭鱼师等祭祀活动），祭祀目的的唯一性（出海平安、渔业丰收）等特点。象山开洋、谢洋节以民间文艺表演为主轴，含有历史、宗教、生产、民俗等诸多文化内容，是象山渔区群众在长期生产生活中形成的传统民间文化活动。

自2002年8月下旬以来，由中日民俗专家13人组成的江南沿海渔村民俗研究考察团连续四次到东门岛考察民俗文化。东门岛在2003年农历六月二十三日举办的"谢洋赛会"和2007年农历三月二十三日举行的"妈祖诞辰开洋典礼"，得到多家新闻媒体的报道和专家学者肯定。对其的挖掘与抢救，不仅在中国沿海地区祭祀历史方面有较高的学术研究价值，而且在民俗学、中日交流史等方面也有较高的研究价值。

3. 石浦—富岗如意信俗

石浦妈祖信俗及迎亲习俗项目有着十分特殊的民俗背景与历史背景。石浦的妈祖信俗包括妈祖信俗和她的组成部分——如意信俗。

浙江省象山县石浦镇的渔山渔村与台湾省台东县富岗新村（小石浦）共同信奉着海上平安孝神——如意娘娘。民间信奉的如意娘娘据传在浙东地区已有几百年的历史。如意娘娘的产生、发展与传承，均为特殊地区民间自行推进，目前未发现有相关史料。

如意娘娘信俗的生成，与发生地浙江宁波、台州、温州沿海一带的典型近海渔民劳作状况及祈求平安精神寄托有关，与妈祖信俗异曲同工。又由于中国20世纪的政治原因所导致的大陆与台湾的特殊民生状态，催生出象山石浦—台东富岗两岸妈祖如意娘娘往来省亲迎亲的习俗。石浦妈祖信俗及迎亲习俗的基本内容分为原始习俗与省亲迎亲习俗两个部分。

4. 象山晒盐技艺

象山地处浙江中部沿海，三面环海，海陆岸线长，浅海滩涂面积广阔，海水盐度年均30.8‰，日照时间长，风力资源丰富，具备晒海的优良条件，是浙江省三大产盐县之一。

象山晒盐历史悠久，唐代已用土法煎盐；宋时已有刮泥淋卤和泼灰制卤法，并用煎熬结晶；元人称晒盐为"熬波"。清嘉庆时，开始从舟山引进板晒法结晶；清末又引进缸坦晒法结晶，成为盐业生产工艺上的一大变革。20世纪60年代后，平滩晒法试验成功，新技术被采用，机器逐渐代替手工操作，传统晒盐技艺终于退出历史舞台。象山传统晒盐技艺以海水作为基本原料，并利用海边滩涂及其咸泥（或人工制作掺杂的灰土），结合日光和风力蒸发，通过淋、泼等手工劳作制成盐卤，再通过火煎或日晒、风能等自然结晶成原盐。整个工序有十余道，纯手工操作，却蕴含着丰富的科学技术基因，是有历史文化价值的非物质文化遗产。

晒盐技艺的主要价值，体现在历史价值、文化价值、工艺价值和经济价值等几个方面。它是一门技艺，加工工艺要求看似简单却又体现了人的智慧；同时又与气候、季节等因素相关；它是人们生活的必需品、工业用品的重要原料；又关系人们就业、区域产业、社会经济效益等。

5. 徐福东渡传说

公元前210年，秦朝方士徐福奉秦始皇之命，率三千童男童女和百工，携带五谷种子，乘船东渡，寻找海上"蓬莱、方丈、瀛洲"三神山，采长生不死药。因岱山自唐开元年始一千多年来，一直被列朝命名为"蓬莱乡"，素有"蓬莱仙岛"的美誉。相传当年徐福大军于宁波慈溪达蓬山起航，抵达岱山寻找长生不死药，后又东渡日本隐居。故在民间有徐福到过岱山之说，并留下了与徐福有关的种种传说。

作为徐福东渡的出发地点——达蓬山，位于慈溪龙山、三北一带，山上有摩崖石刻、秦渡庵等历史遗迹。徐福传说流传范围广，在国内很有影响，在日本、韩国也有多种传说。在慈溪，有关徐福的传说达40个；在日本，徐福东渡上岸的地方相传有32个，相关故事有56个，可见影响之广。徐福东渡开中日文化交流之先河，缔结了中日交流友谊，具有十分重要的意义。徐福把秦朝文明传入日本，促进了日本社会由绳纹（原始）文化向弥生（用铁器耕作）文化的飞跃，徐福在日本被称为"农耕神""蚕桑神"和"医药神"。徐福传说对移民文化研究有重大历史价值。

6. 舟山锣鼓

舟山锣鼓是一种独特的艺术表演形式，体现着海岛渔民生产生活精神、文化基因，形式以"排鼓""套锣"及"丝竹"为主奏乐器，特点是音乐恢宏豪放、鼓点丰富多彩、技法细腻高超、旋律奔放跳跃、气氛粗犷热烈、情节丰富，颇具海岛特色和浓郁的生活气息，故蜚声遐迩，被编入《中国民族民间器乐曲集成》，被列入首批国家级非物质文化遗产保护名录。

舟山锣鼓起源于航海，早在明朝已在舟山渔区流行，清朝渐盛。舟山锣鼓原称"海上锣鼓"或"码头锣鼓"，由于其采用了《将军令》中的三番锣鼓点子，故亦称"三番锣鼓"。它的形成与海岛渔民生产生活有密切的关系。旧时，船上无汽笛装置，航船靠岸或驶离码头时，就靠敲打锣鼓招徕顾客，闻锣候船便成为舟山渔民的一种习惯。此外，若遇大雾，为避免与其他船只碰撞，人们也会用敲打锣鼓来传递信号；在长途船行中，船工和乘客也常用敲打锣鼓予以助兴、自娱、消遣，以排解海上船行的寂寞和枯燥；同时，若遇到风暴，船工们也会用锣鼓来壮胆、驱邪。由于船上人手少，尤其是起航或靠岸时，船工既要摇橹、撑篙、打缆，往往一个人要敲打好几种响器。

为减免人手，聪明的船工便将几面不同音质的锣悬挂在船壁上，将几只大小不一的鼓用木架子固定起来，一个人便可敲几只鼓、打几面锣。人手减少了，音响效果反而好了，形式也好看了，气势也更大了。后来，人们就将这套形式引用发展于逢年过节、婚嫁喜事、迎神赛会等各种庆典活动中，由此逐步形成了一批民间的敲打队伍，其中以定海白泉镇高如兴为主的"高家班"最为突出。

60多年来，舟山锣鼓曾被十余个国家级专业表演团体采风学习，并广为引用，现为中华锣鼓大族中的著名鼓种，成为中国民间艺术中一朵珍贵的艺术奇葩。

7. 观音传说

舟山群岛东隅的普陀洛迦山，是中国四大佛教名山之一，也是闻名海内外的观音道场所在地。舟山各地观音信俗广泛，在史籍上记载的观音传说已非常丰富。

在宋宝庆《昌国县志》中，就有"梅岑山（今普陀山）观音宝陀寺"的记载；宋乾道《四明图经》中即有"日僧慧锷送观音"的记载，不肯去观音的传说从此一直流传至今，且成为中日文化交流的重要纽带；元代西域僧盛熙明所著《普陀洛迦山传》中，更记有善财一十八参观自在、观世音三十二现身类说法、唐大中梵僧潮音洞前燔十批亲睹大士现身说法等灵异传说。明清以来的《普陀山志》记述的观音灵异传说更多，1923年编的《普陀洛迦新志》专论"灵异门"，记录观音灵异传说68则。

除了古志书记载以外，早在明万历年间就有《南海观音全传》一书流传民间，民国初年又有《观音得道》话本传世于民间。在古典小说《西游记》《封神演义》等名著中都有观音传奇形象记载。据佛教传说，农历二月十九、六月十九、九月十九分别是观音菩萨诞生、出家、得道日，三大香会也由此形成。

千百年来，观音作为一个佛法无边的大菩萨，一直在舟山民间被广泛地传颂信奉着；而且这种传颂和信奉已经远远超越了民族和国界，成为一种"劝人为善、爱好和平"的文化现象被传播到了世界各地。2008年，观音传说被列入第二批国家级非物质文化遗产名录。

8. 舟山渔民号子

舟山渔民号子是舟山群岛渔民号子的总称，是舟山各岛渔民、船工世代相传的海洋民间口头音乐，它与渔船、运输船作业和渔民在海上及岸上劳动息息相伴，是浙江省乃至国内的代表性民间号子之一，《中国民间歌曲集成》（浙江卷）和《中国渔歌选》均有记载并录入。

旧时舟山诸岛，木帆船是捕鱼和海上交通的主要工具。渔民们在渔船上进行升蓬、起锚、扬帆、收网等各种劳作的时候，在码头上搬运装卸收获的鱼货与生产生活物资的时候，都需要喊号子来步调一致、齐心协力。于是，在这些原始的密集型、高强度的生产劳动中，自然催生了劳动号子。

舟山渔民号子按不同劳动工序，可分为《起锚号子》《拔篷号子》《摇橹号子》《起网号子》等数十种，已形成系列曲调，风格粗犷豪爽，有着鲜明的个性及地方特色。

渔民号子通常以"一人领号众人和"的形式来进行，并以不同的节奏与不同的劳动形式相结合。渔民号子按节奏可分为快慢两种：一种节奏比较快，用于劳动时间短、强度不大的生产劳动；一种节奏比较慢，用于生产劳动时间比较长、强度比较大的生产劳动。

2008年，舟山渔民号子被列入第二批国家级非物质文化遗产保护名录。

9. 传统木船制造技艺

舟山渔场是我国最大的渔场，每当渔汛季节，来自全国各地的渔船云集沈家门渔港等地，给舟山的修船造船业带来了巨大的收益，同时也孕育了具有强烈地域风格的舟山木帆船制造技艺，产生了无数个以修造船舶为生的能工巧匠，岑氏木船作坊便是其中的代表。

岑氏木船作坊，由岑家太爷爷岑明锡于1900年创建，当时打造的主要是小型木帆渔船。1915年，第二代传人岑阿友开始建造大中型木帆船。1953年，第三代传人岑全富继承祖业，扩大生产规模，开始成批打造各种种类的木帆船，这也是舟山木帆船修造业的鼎盛时期。1975年，岑国和、岑武国兄弟中学毕业后成为第四代造船传人，在打造木帆船的品种、规格和制作工艺方面做了探索和改进。100多年来，岑氏四代人造船数量超过千艘，岑氏木船作坊也由此成为舟山木帆船制造技艺传承中的代表。

岑氏木船作坊打造的木帆船数量品种众多，主要分为仿古大型木帆船系列、渔船系列和仿古船模系列，其制作步骤主要有设计、放样、钻木、下料、放龙筋、制配底壳等16道工艺。

岑氏木船作坊打造的帆船除了有航行速度快、安全性能好、造型美观大方等实用价值外，更有其特有的艺术价值，充分体现了当地民间手工技术和民间文化的发展水平。通过对木帆船建造工艺和造船历史的研究，可以了解我国沿海渔业、交通运输等发展史。2008年，传统木船制作工艺被列入第二批国家级非物质文化遗产名录。

10. 渔民谢洋节（祭海）

渔民谢洋祭海活动，是浙江舟山乃至中国沿海渔民崇拜和信奉海龙王及海上诸神的一种祭祀方式，其民众的参与性之广、影响之大、延续历史之长，不仅在岱山所处的舟山群岛诸多渔家习俗中独树一帜，也是我国东海五千年海洋文化史上最具海洋渔文化特色的民俗之一。

祭海在岱山历史上主要有官祭与民祭两种形态。官方记载的祭海有秦朝的方士徐福祭海，宋高宗赵构抵岱避难祭海，地方官奉诏公祭岱山海域的灌门老龙等。民间祭海虽无记载却更频繁，每逢渔汛开洋、谢洋时节均要举行祭海仪式，渔民称之为"谢龙水酒"或"行文书"，礼仪定式讲究，程序完整。此习俗千百年来，代代相传。至目前，岱山部分偏僻渔村仍沿袭着这一传统的民间习俗，保留了祭海粗犷纯朴的原生态文化风貌，展示着东海海域渔民龙信俗的独特传统文化与浓厚的民俗内涵。

2008年，渔民谢洋节被列入第二批国家级非物质文化遗产名录。

11. 石塘七夕习俗

石塘七夕习俗俗称"小人节"，是温岭市国家级非物质文化代表性项目。每当农历七月初七来临，石塘镇箬山一带的信佛人家都要给16岁以下少年儿童过节。节日盛行的地域为里箬、东兴、东湖、桂岙、水仙岙等20多个村子。箬山渔民大都是300多年前从福建惠安、泉州迁入的闽南人，他们至今还会说纯正的闽南话。因此，石塘小人节具有明显的闽南文化特征，与台南、高雄等地供奉的七娘妈十分相似。

一般按传统的风俗，小人节祭拜时，大人们将供桌摆放在自家门前，在中间放上纸做的彩亭或彩轿，同时在彩亭或彩轿前点上香烛，摆上一壶老酒、七只酒盅，在托盘上摆上香蕉、梨、桃子、木耳、香菇等各色时鲜瓜果蔬菜，以及糖龟、猪肉、鸡蛋、索面、黄鱼鲞、墨鱼鲞、粽子、李子果脯、汤圆等祭品，多寡丰简视家庭情况而定。再上三炷香，叫小孩或代小孩许愿后，将彩亭或彩轿等放在铁镬中烧掉，然后燃放爆竹、鞭炮庆祝，仪式至此结束。在焚烧前，孩子们经常争先恐后扯下彩亭中的戏剧人物把玩。

12. 鼓舞（大奏鼓）

大奏鼓，俗称"车鼓亭"，是一种较为典型的民间自娱性乐舞，仅存于台州温岭市石塘镇里箬村。九名舞者分别手持木鱼、大小铜钹、铜钟锣、大小镗锣、唢呐、扁鼓等乐器，边奏边舞。

里箬村地处温岭东南，是一个三面环海的小渔村。据有关史料记载，其原住居民中大多是明代从福建泉州、惠安一带迁来的回族人。至今，许多人尚能说闽南方言，而车鼓亭正是箬山先民随之带入的。箬山渔村每逢春节、元宵等传统节日都会有大规模的民间巡游活动，车鼓亭则是节日喜庆队伍中特地故事的一种。特地故事也称"踏地故事"，是由村里的老艺人根据自己的喜好和村上的习俗所编排的各类节目。特地故事中的其他节目均已失传，唯独大奏鼓得以保留，可见其特殊的魅力。据调查发现，大奏鼓与福建泉州的跳鼓比较接近，但在表演风格上还是存在区别的：跳鼓以粗犷为主要特征，而大奏鼓则粗犷、幽默兼而有之。大奏鼓表演者男扮女装，模仿女性步态，动作诙谐风趣，跳至兴起，动作夸张变形，泼辣粗犷，别有一番情趣。此类节目在浙江省现仅存的民间舞蹈中是不多见的。由于表演上讲究性情所至，熟能生巧，也由于社会的发展、新老文化的差异，大奏鼓的传承面临着较大的难度，年轻人不是不愿学，就是较难把握表演分寸。大奏鼓对研究我省的民间舞蹈和民间习俗以及人居迁徙、文化传播存在着一定的价值。

13. 洞头妈祖祭典

妈祖是我国沿海与港、澳、台地区及东南亚人们极为信奉的海上保护神。洞头百姓有崇拜妈祖的习俗，每年农历三月二十三与九月初九，各庙宇都要举行隆重的祭祀仪式，开展迎火鼎等民俗文化活动，参与信众遍及全县93个渔村，为洞头渔区信俗活动的最大盛典。

洞头县位于浙江省温州市瓯江口外，由103个岛屿组成，与台湾、福建省相邻，是浙江第二大渔场，人们以渔业生产为主。特殊的环境条件和地理位置使得人们对妈祖极其信奉。

妈祖信俗是维系海峡两岸关系重要的桥梁和纽带，对于促进祖国统一具有积极意义。

14. 海洋动物故事

海洋动物故事是以海洋动物为主人公，以拟人化的手法，曲折而又形象地反映了人们的思想感情和社会现象。温州市洞头县从1979年开始采集海洋动物故事，至1987年采集到涉及海洋动物的传说、故事200多篇，属特定含义的海洋动物故事近百篇，整理成文的80余篇。

洞头海洋动物故事的形成和传播至少有近200年的历史，传承代表人陈懿琛生于1904年。洞头列岛的移民，分别来自福建南部和温州地区周边县。洞头是闽南文化和东瓯文化的交融地，洞头渔场是浙江省第二大渔场，特殊的历史渊源和地理优势使得洞头海洋动物故事量多质优。

洞头海洋动物故事显现了洞头渔区人民的生存智慧和审美观念，故事中对海洋动物生活习性的讲述较为具体，是海洋动物的科普教科书，鲜明的是非观也有着现实的教化意义。

2011年6月，洞头海洋动物故事被列入国家级非物质文化遗产名录，这是我国目前唯一以海洋动物故事为名列入的国家级非遗项目。

15. 网船会

网船会是浙北、苏南、上海一带的渔民、船民长期以来所形成的水上传统庙会民俗，地点集中在浙江省嘉兴市秀洲区王江泾镇民族村莲泗荡，时间在每年的清明节前后和农历八月十四，又称"刘王庙庙会"，是为纪念元代灭蝗英雄刘承宗所举办。这里建有的刘王庙相传有两百多年的历史。每年庙会期间，浙北、苏南、上海一带渔民、船民纷纷驾船来到莲泗荡赶庙会，船队从莲泗荡延伸到京杭大运河，绵延五六公里，时间每次长达四五天，人数达八九万之多。庙会以祭祀刘承宗（刘王）为中心，同时伴有一系列民间艺术表演、竞技、商贸和娱乐休闲活动，其中的踏白船（划船竞技）、地方戏曲、杂耍、舞龙、踩高跷、花鼓、打莲湘、挑花篮等活动，深受广大渔民、船民的喜爱。长期以来，网船会已经成为这一带渔民、船民的传统节日庆典，又因其水会的特色吸引了江浙沪广大民众的强烈兴趣，成为这一带旅游的一个亮点。随着现代化进程迅速推进，网船会的传统活动正在逐渐萎缩，亟待必要的保护与传承。

16. 民间信俗（潮神祭祀）

潮神祭祀是流传于浙江省海宁市境内祭祀钱塘江潮神的传统信俗活动。潮神是因钱塘之潮而生的祈福避灾的神，享潮神名号者众多，以春秋时吴国大夫伍子胥为著。

潮神祭祀，源远流长。南宋程珌（1164—1242）所著的《洺水集》中《盐官祷海》一文是目前已知关于海宁祭祀潮神的最早文字记载。宋、元、明、清至民国时期，钱塘江海宁段海塘屡毁屡建，因此历朝历代政府都非常重视潮神祭祀活动。清光绪年间的《重刊嘉靖海宁县志》中，收录了元、明时期海宁潮神祭祀的多篇祭文。时至今日，几经修缮的海宁海神庙内一直供奉着21位潮神。民国中后期，官方祭祀潮神活动中断。1994年海宁市人民政府组织恢复了每年农历八月十八在盐官海神庙举行的潮神祭祀仪式，并延续至今。

祭祀形式包括官方祭典和民间祭祀两部分：官方祭典分为小祭、中祭和大祭，民间祭祀则根据潮神生卒期、遭遇灾年或船民、渔民、塘工出事时进行，仪式相对简单。此外，根据仪式场所，也可以分为家祭、塘祭、庙祭等。家祭是过年过节在家中设祭；塘祭是在海塘边设祭，祈求潮神保佑，化凶为吉；庙祭是在供奉20多个潮神的庙内进行的祭祀，每个神都有自己的祭祀。该祭祀活动属集体传承性质，船工、塘工、渔民是传承的主要群体。

海宁潮神祭祀寄托着民众祈福纳祥的美好愿望，在钱塘潮神信俗中具有典型性、代表性，有着重要的历史学、民俗学、社会学价值。同时，传统仪式存续的完好，对于增强社区凝聚力、加强跨地域文化交流亦有重要的现实意义。

浙江省省级海洋非物质文化遗产保护名录

据相关资料统计，浙江省目前拥有省级海洋非物质文化遗产保护项目共28项，分别如下：

1. 象山船模

象山船模制作最早可追溯到清康熙年间，先由福建人赠绿头船模（福建型商船船模）一艘，作为吉祥物供置于东门王将军庙大殿左梁上，后村民自制了东门大捕船模一艘供置于其右梁上，形成一对，寓意渔家平安和渔业丰收。以后就不断有渔民自制各种船模，如东门的渔民詹孟福、晓塘人王月生、爵溪人谢配祥等都是制作船模的高手。他们制作的船模约有上百个种类：仿古船模有册封船、郑和宝船、象山唐船、乾隆游船、遣唐船、鉴真东渡船、漕舫船、古战船、万斛神舟等；渔船有小舢板、小对船、大捕船、机帆船、流网船、拖虾船、爵溪独捞船、鹤浦鸭嘴船、福建小钓船、钢质渔轮等；其他还有如渡船、油轮、海上冰鲜船、跨国远销船、渔政船、大塘尖头船、集装箱船、绿头商船、绿眉毛船等。每条船模块都按真船的比例微缩，采用手工制作或借助一些必要的机械制作而成。制作材料为木头、竹、油漆、钉、小绳索、布、桐油、石灰等，制作工具主要为锯、凿、刨、钻、雕刀、剪子、针、线等常用器物。

在20世纪90年代，东门爱教基地天门馆建立，它不仅陈列着古今船模，还聘请了退休在家的一些老艺人前来制作和传承船模技艺，宁波市文管会还曾邀请了詹孟福等到天一阁制作船模。现在当地打算在保护这一技艺基础上，建一专事展览和制作船模的场所，使之得到更好的传承。

2. 象山船饰

象山自古至今都是我国著名的渔业大县，象山渔民都将自己的主要生产工具——渔船尊称之为"船龙"，并在船的一些主要部位进行一些诸如彩绘、旗帜等的装饰，千百年来，相袭成俗，这就形成了一种船饰文化。严格来讲，经过制作的渔船本身便是一件精美的工艺品，渔民们对其各部位的油漆及其色彩搭配十分讲究，如每造就新船时，就要在船头两侧为它画上外围白色、中涂乌黑眼珠的船眼进行定彩，并选择吉日，用五彩线连船眼一起钉上，然后用红布套住封眼，待下水时在热闹的锣鼓鞭炮声中再为它启眼；船旗是渔船的重要装饰物，它往往被插在船桅或船尾上，旧时以三角齿边彩旗居多，有红底黄字的，有黑字镶白边或绿边的，也有黑地黄字或白字镶黄边、红边的，多种多样，既色彩鲜丽醒目，又能帮助渔民测定风向；还有在一些船体比较引人注目的地方，如驾驶舱前板、船舷、船尾的后挡水等处，彩绘上观音菩萨、神话传说中的哪吒太子、八仙和历史人物关羽、武松以及龙、马、鱼、虾、蟹、莲花、荷花等动植物图像，来象征与寄托渔民们祈求吉利、平安、丰收和幸福等心意。

中华人民共和国成立后，随着时代进步和渔船的更新换代，船饰也与时俱进地体现出时代风采，"科学捕鱼""劳动致富""建设海上乐园"等图案也纷纷出现在了渔船上。但尽管如此，现代海洋捕捞业的发展已无法避免地让旧的船饰文化逐步退出历史舞台，保护、继承和发展船饰文化问题已被当地有关部门和单位重视，相关的办法和措施正在制订实施中。

3. 舟山船模

舟山是世界著名渔场，海岛人民世代以捕鱼为主，终身以渔船为伴，渔民对渔船有着深厚的感情。此外，各地渔民也蜂拥到舟山捕鱼，在这里打造、维修渔船。因此，产生了专门打造渔船的行业和技术精湛的船匠。

船模制作工艺流程有以下步骤：设计制图、选择相应的材料、放样、取材（根据设计图纸取船体各部位的材料）、船体组合制作（从船底到内部到外部，注意比例要适当，制作要光滑）、船上的附属设施（帆、锚、起锚器、桅杆等）、上油漆（根据船的种类特色以及样本选择油漆的颜色）。

2009年，舟山船模被列入第三批省级非物质文化遗产保护名录。

4. 渔网编织工艺

网具是海岛渔民捕捞作业中必不可少的工具。历史上的渔网多以黄麻、苎麻等为材料，以手工编结而成，再用薯椰或荔枝、龙眼树作染料，棉纱织的则用桐油、煤焦油作染料。

舟山渔场居我国渔场之首，盛产大黄鱼、小黄鱼、带鱼、墨鱼等当地四大经济鱼类，素有中国渔都之称，各地渔民也都长年累月聚集在舟山渔场捕鱼。渔民根据实际捕鱼操作对渔网编织方法进行积累和改进，形成一种独特的结网、做网、补网的手工技艺。现在，渔业生产的方式虽有变更，但还是离不开传统手工的基本编结技艺。

渔民们根据不同的鱼类，采用不同的捕捞作业方式，由于鱼种类较多，因此需要各种不同类型的网具与之相配，如大捕网、小对网、大对网、机对网、流网、围网、串网、抢网、涨网……而各种类型的渔网，又有不同的编结法，因而形成一整套渔网编结程序和传统的手工技艺。网具的好坏直接影响到渔船的生产，民间还流传着"姑娘结网，网师做网，渔民用网""网具退扳（不好），鱼勿好"的俗语。现在，网具的编结技艺也具有悠久的社会历史价值和独特的欣赏艺术价值。

2009年，渔网编织工艺被列入第三批省级非物质文化遗产保护名录。

5. 渔用绳索结编织技艺

渔用绳索结是海岛居民生产中的手工技艺，产生于海岛的特殊环境和劳动生产条件中，并遍及海岛各地。不同海岛地域渔民海洋作业和生活方式的差异使海岛绳结种类逐步丰富完善，最多时达上百种。然而，由于现在渔业生产和海岛居民生活方式的改变，以及渔用工具、材料的发展变化，许多绳结编织技艺因长期不用而失传或濒临失传，现流传的还有七十多种。

渔用绳索结分为渔船生产绳结、渔网绳结和综合绳结三类。渔船生产绳结用于渔船内外生产劳动，有渔船结、船橹结、兜绳结、船缆结、货运结等之分；渔网绳结用于编织渔网、组装渔网、补网等；综合绳结是包括生活应用在内的多种用途的绳结，在海岛流传甚广。

渔用绳索结是渔民长年在海上恶劣的自然环境中艰苦劳动的产物，与他们的生产和生活密不可分，也是渔民丰富的想象与思维的产物，具有很大的实用价值和审美价值，渔用绳索结在一代代人的传承中，逐渐被赋予美的底蕴，以多样的形态透射出质朴的美感。长年来生活在远离内陆、物质贫乏、生活枯燥的海岛岛民以其特有的审美观，用绳结来扮装自己的生活，用彩色的绳结作为服饰、挂饰，布置新房、庙堂等。它的实用价值和审美价值久盛不衰，记录着海岛的历史和文化。

2007年，渔用绳索结编织技艺被列入第二批省级非物质文化遗产保护名录。

6. 海洋鱼类传统加工技艺

舟山渔场渔业历史悠久，捕捞鱼类品种众多，渔民在长期实践中创造了盐渍、冰鲜、风干、晒干、糟、料等多种传统加工工艺方法，成品分为干品、腌品、糟品、醉品，盛销全国以及东南亚地区，久负盛名。

干品分鲞、干、烤、海味干品四大类，制品有大黄鱼鲞、无头鲞、螟蚹鲞、风鳗、小黄鱼干、糟白咸鳓鱼干、鱼烤、鱼胶等52种。

腌品制作方法繁多。将鲜鱼置于腌货板上，放盐拌匀后落桶，称为"抄咸"，适宜大批量体型较小鱼类加工。剖开鱼体腌制叫"卤片"，宜加工体型较大鱼类。原型逐尾精制曰"抱"，盐渍卤浸渍曰"抢"，置鲜鱼于盐堆下曰"棚"。另外还有盐、矾混合腌制，虾蟹类经粉碎后腌制等。传统腌品达三十余种，其中三抱鳓鱼、三矾海蜇、大黄鱼卤片、抢蟹、蟹糊为最佳。

糟品是将鲜鱼用酒糟腌制，与腌品同称"鲋"。糟品肉质松软，鲜嫩芬芳，别具风味。传统制品有糟鲳鱼、糟乌贼、糟带鱼、糟鳗鱼、糟杂鱼等。

醉品是将鲜鱼用白酒或黄酒醉制，置缸、瓮内密封。醉品可分醉瓜、醉鳓鱼、醉鲳鱼、醉马鲛鱼、醉墨蛋等。

2009年，海洋鱼类加工技术被列入第三批省级非物质文化遗产保护名录。

7. 舟山渔民传统服饰制作工艺

长期以来，嵊泗渔民的传统服饰十分明显地显示出春秋战国时期吴越先人服饰的遗风特征，并根据生产生活的便利加以调整，形成了自己独特的服饰，嵊泗渔民这种传统服饰的穿着一直延续到20世纪50年代。

渔民传统服饰的特征如下。

衣服：冬季穿的多为粗布大襟衫，开左衽，为夹衣；初春、秋末为单衣，就连棉袄也是左衽大襟式，棉背心则是左衽大襟无袖；而夏季，大多数人穿对襟无袖无领衫，襟上为布质钮攀。

裤子：多为裤腿肥大的龙裤，又称"十字裆龙裤"。有的在裤腰两边用七彩丝线绣上各种图案，如八仙过海、莲台祥云、青松白鹤、黄龙飞禽等；有的在腰身前后绣上各种文字，如顺风得利、四海平安等。

腰带：腰带系布质制成，俗称"撩带"。

渔妇服饰：左衽大襟衫，外围布裙。

木屐：海岛上曾流行夏天穿木屐。家中富裕的，穿木质好、工艺精致的彩雕木屐；家中贫穷买不起，就用木板片自按脚样锯制一双，钉上布带就穿上了。女的一般穿花色木屐，男的则穿本色木屐。

桐油布裙：渔民在海上劳作时的外层保护性服饰，用龙头细布或帆布制成长布裙、袖套，然后用桐油抹几遍，有防水渗透作用，渔汛劳作时系戴。

2009年，嵊泗海洋渔民服饰制作技艺被列入第三批省级非物质文化遗产保护名录。

8. 海盐制作工艺

岱山盐业历史久远。有史记载，唐朝时，岱山境内居民已利用滩涂捎土取咸煎盐。岱盐的制作工艺经过1200多年的实践、无数次的推敲和反复实验，经历了煎煮、板晒、滩晒的工艺演变过程，形成了科学、省劳力、低成本、产量高、质量好的制盐生产工艺。20世纪80年代后，岱山成为浙江省最大的产盐县。岱盐以其色白、晶匀、质好、味鲜而成为贡品，有"贡盐"之称。

自唐以来，各地盐民制盐用灶火烧煮卤水。一锅既成，续卤再煎，昼夜不熄火，这叫作"煎盐"。此工艺成本高、产量低，并需大量砍伐树木作燃料。清朝中期，岱山盐民王金邦试用木板晒盐成功，板晒之盐是岱山盐民为中国盐业发展做出的最值得骄傲的贡献，从此可以不再使用柴薪。岱山普遍推行板晒法，减少了成本，减轻了劳动量，产量猛增。

盐以海水为基本原料，并利用近海滩涂出现的白色之泥（咸泥）或灰土（泥），结合日光和风力蒸发，通过淋、泼等方法制成盐卤（鲜卤），再通过火煎或日晒、风能等方式结晶，制成粗细不同的成品盐。制盐工艺必须经历四道工序，即开辟滩场工序、制灰土工序、制卤工序、结晶工序。

2005年，岱山在岱西万亩盐场兴建了中国盐业博物馆。2009年，岱山海盐晒制工艺被列入第二批省级非物质文化遗产保护扩展项目名录。

9. 岱山海难特殊葬礼（潮魂）

舟山渔民常年在海上作业，当渔船遇上风暴，往往发生船翻人亡的海难事故。

渔民在海上遇难死亡，已拾回尸体者，经道士作法引魂入尸，称"追魂"；如未能捞到尸体上岸，必须用稻草人作替身，通过作法引魂入稻草人身体，称"招魂"，又名"潮魂"，必须在涨潮的时间段进行。

潮魂应在给海上死亡者做"三七"忌日前开始。开始前三日，请净口、净身的道士念咒，向管辖区龙王等神禀报，祈求允许潮魂。翌日，潮魂始，由三至四名道士与和尚操持；招魂，必须要做三堂轿，即在海滩上竖竹竿，挂上完整的草人，或坐于家堂的椅子上，或睡于另一床铺上，分别称为"吊堂招""坐堂招""困（睡）堂招"。

接着，由道士率领，随带小唱班伴奏；亲人随之，并执燃香各一枝，其中一人手捧蒙面的公鸡。抵滩后，道士们念咒、作法，并领众亲绕道三圈，遂从海滩至家堂来回三次，每次沿途由亲人们不断地喊某某某或加上辈分称呼的"来了，来了……"总之，尽快把亡魂引到灵堂。最后一次将那只活鸡缚于供桌角上，同时注视公鸡是否啄过桌上的酒或饭，如啄过了，表明亡者已入魂。另有一种说法是挂竹竿上的稻草人掉下来了，就表明魂已招进，于是潮魂成功。择日，算定时辰，将尸体或草人依照丧仪习俗，抬往墓地安葬。

2009 年，潮魂被列入第三批省级非物质文化遗产保护名录。

10. 九姓渔民婚俗

相传朱元璋当上皇帝后，将自己的对手钱、何、袁、李、陈、林、叶、孙、许等九姓家族贬入新安江，世世不得上岸，从此九姓渔民打鱼为生，历尽沧桑，并形成了自己独特的习俗。

九姓渔民婚俗充满了浓郁的乡土情趣和艺术内涵。特别是其中的木盆花轿、抛新娘习俗极富浪漫色彩，称嫁妆、喂离娘饭、船头拜天地、过船篷等仪式别具一格，堪称中华婚俗大观中的一朵奇葩。

11. 海洋动物故事（舟山鱼类故事）

千百年来，流传于舟山渔村的各种鱼类故事都带有寓言和童话性质，是较能反映海洋文化特色的民间口头文学作品。

在舟山海岛民众中，流传甚广的《癞头黄鱼》《梅童鱼成亲》《拖嘴虾虫屌》《带鱼舞狮》《虾百懒虫》《海蜇行走虾当眼》《箬鳎做媒》等故事，都具有丰富的知识性和趣味性。

20世纪80年代，舟山民间文学工作者先后三次开展民间文学的搜集整理工作，编纂出版过《东海鱼类故事》《东海传奇》《东海仙子美丽传说》等专集。特别是1986年至1987年全市开展了民间文学三集成普查工作，对流传于舟山渔村的各种鱼类故事进行了一次拉网式搜集整理，并将其原汁原味地选编在市、县、区出版的《"三集成"·故事卷》中，成为舟山海岛传统文化的重要组成部分。

2009年，海洋鱼类故事被列入第三批省级非物质文化遗产保护名录。

12. 舟山渔业谚语

舟山渔业谚语，语句简练，艺术性强，是舟山渔民在几千年生产、生活实践中总结出来的经验，是劳动人民的智慧结晶，是舟山海洋文化的一个重要组成部分。

有些谚语反映了风向、潮流与捕捞之间的关系，如："东风摧潮是鱼叉，西风阴潮鱼扫光""春雷勿离山顶，大黄鱼勿离滩边""日叫西水，夜叫东水，亮水尾巴暗水头""十二、十三喜上洋，十八、十九鱼满舱""二十、下五潮末下，初八、廿三有鱼拘""九头十三腔，叫煞也勿上网""北水报口夜东涨，早落水时喂喂响"等。这些都是渔民根据鱼体生理状态和它的洄游规律，以及当时潮流涨落情况，经过长期生产实践所总结出来的捕捞经验。

有些谚语则是说明小黄鱼习性与捕捞时节的关系，如："春分起叫攻南头""正月拘鱼闹花灯，二月拘鱼步步紧，三月拘鱼迎旺风""岸上桃花开，南洋旺风动""二月清明鱼似草，三月清明鱼似宝""二月清明鱼迭街，三月清明断鱼卖"等。

随着科学技术的日益发达，许多谚语已经渐渐被人遗忘，但它作为一种极富地域性、科学性、趣味性的民间口头文学，仍然具有历史价值，值得后人传承和研究。2009年，舟山渔业谚语被列入第三批省级非物质文化遗产保护名录。

13. 洞头海岛气象谚语

洞头海岛气象谚语是当地渔民在生产生活实践中，通过观察自然现象、不断摸索自然规律、总结经验教训并创造而成的具有气象学价值的口头文学，是独具海岛特色的特定内容的口头文学作品，在浙江乃至全国都极具代表性。

洞头海岛气象谚语内容丰富，应用范围很广，其中包括对海岛风雨浪潮等气象方面的预测，描述海洋生物的习性、海洋生物与季节的关系、沿海潮候、潮流与渔业生产、人们生活的关系等。这些气象谚语既通俗易记又富有科学性，在当地渔民的生产生活实践中具有相当高的实用价值，因此能久传不衰，至今仍在当地广泛流传。

然而在现代化进程中，传统生产生活方式发生了改变，这项独特的非物质文化遗产渐趋衰落，亟须加强保护。

14. 观音香会

有"海天佛国"之称的普陀山一年之中有三大香会，即农历二月十九、六月十九、九月十九。据传，农历二月十九是观音菩萨的诞辰日，六月十九是观音菩萨的成道日，九月十九是观音菩萨的出家日。三个香期以二月十九最盛。

三个香会活动的内容、形式、范围大致相同，主要的活动程式包括：

朝山进香：各岛屿的善男信女于农历十七、十八陆续进山，分别往各寺院庵堂进香敬佛，连路边岩石上刻着的小菩萨也要给烧上一炷香；

祝寿普佛：农历十八夜和十九凌晨，全山各寺院庵堂所有僧众，在方丈或当家的率领下，集中在大殿诵经做佛事，广大善男信女也跟着僧侣礼拜敬佛；

坐夜宿山：农历十八夜里广大信众跟随僧侣做完佛事后，在寺内通宵坐夜，俗称"宿山"，以示对观音菩萨的诚心，坐夜一般都集中在普济、法雨、慧济三大寺，寺内的大殿、后殿、偏殿，乃至廊房过道、露天广场都挤满了坐夜者；

登山礼佛：除了坐夜宿山的信众，更有数以千计的信众在深更半夜，手持清香，口念佛号，从法雨寺后门香云路沿着千层石阶，三步一拜高登佛顶山；

全体传供：农历十九中午，各寺院僧众集中诵经拜佛以后，即举行全体"素斋会餐"，也叫"敬佛"，规模十分隆重。

2009年，观音香会被列入第三批省级非物质文化遗产保护名录。

15. 东海龙王信俗

中国神物中，龙是权威的象征，体现了神圣、吉祥、喜庆，寄托着人们的美好愿望。龙，生风雨、兴雷电，东海龙王及小龙王主管东海大洋，风调雨顺、五谷丰登都仰赖于龙王相助。舟山是传说中的东海龙王故乡，东海龙王信俗是舟山岛民的三大信俗之一。海岛独特的龙文化，成为岛民的精神支柱和道德规范。

海龙王信俗，起源于海岛特定的生存环境。旧时渔民终年过着"三寸板里是娘房，三寸板外见阎王"的日子，渔民们认为，渔民的旦夕祸福都掌握在海龙王手里，唯有向龙王祈求才能避祸赐福，故而渔区昔日流传着请龙王、敬龙王、祀龙王、谢龙王等习俗。改革开放后，随着人们对传统文化的重视，龙俗文化又成为海洋文化的重要组成部分，祭龙、龙王出游等活动又在民间流行。在舟山，还流传着大量与东海龙王信俗相关的地名、礁名、人名、桥名、庙名、传说故事、祭祀仪式、生活习俗、生产习俗、日常禁忌、服饰器物等。

2009年，东海龙王信俗被列入第三批省级非物质文化遗产保护名录。

16. 妈祖信俗

妈祖诞生于宋建隆元年（960年）农历三月二十三日，原名林默，是福建、广东、港澳台地区、东南亚华人区以及浙江沿海一带民间极为信奉的一位平安保护神。民间历来将这位女神亲昵地称为"妈祖"，也有称作"娘妈"。妈祖信俗也随着华侨、海员和外交使节传到世界各地，妈祖成为颇具世界影响的海神，妈祖分灵庙也遍布世界20多个国家和地区。据统计，目前世界上共有妈祖分灵庙5000多座，信徒近2亿人。

妈祖信俗的主要特征如下：

（1）传承年代长。妈祖信俗肇始于宋朝的福建，经过宋元明清的发展，至今已有1000多年的历史，在温州洞头也有300多年的历史。

（2）影响地域广。妈祖在中国沿海地区拥有众多信众，不仅从福建传播到台湾，并且随着华人足迹传播到世界各地，成为联系世界华人民族精神的重要纽带。

（3）活动内容多。以妈祖信俗为核心，形成了以宫庙建筑、雕刻、文献等有形文化和神话、传说、故事、祭典、民俗、艺术等无形文化为基本内容的民间文化。

17. 石浦三月三

石浦三月三是石浦久负盛名的一个民间传统节日。每年这一天，来自周边地区的男女老少纷纷赶至宋皇城沙滩，载歌载舞，听潮观涛，尽情欢娱。当地百姓说，踏过三月三的浪，一年里会手脚轻健，不长疮疖。沙滩上挥舞着东海龙、渔家灯；渔家汉子抬着各式抬阁，吹着与人等长的民间长号，敲打出与海一样豪迈的渔家鼓点，跳动出一个个崇敬大海的音符。

沿海一带历来广泛流传着这样两句俗语："三月三，辣螺爬沙滩""三月三，螺子螺孙爬上滩"。在三月初三前后，地温、水温开始升高，螺便陆续地爬上滩头，人们便在这个季节相继去沙滩拾辣螺，也就有了"三月三·踏沙滩"的壮观场景。随着人口的增长，滩头资源逐渐枯竭，但老辈们仍习惯于在这个日子里带着晚辈在沙滩走走，重温昔日为收获而走沙滩的兴旺场面，于是便形成了一个全新意义的"三月三·踏沙滩"的民间文化节日。

18. 送大暑船

送大暑船是台州椒江葭芷一带的民间习俗。清同治年间，葭沚一带常有疫病流行，尤以大暑节前后为甚。士人认为是五圣所致（相传五圣为张元伯、刘元达、赵公明、史文业、钟仕贵等五位，均系凶神），于是在葭沚江边建立五圣庙，乡人有病即向五圣祈祷，许以心愿，祈求驱病消灾，事后以猪羊等供奉还愿。葭沚地处椒江口附近，沿江渔民居多，为保一方平安，遂决定在大暑节集体供奉五圣，并用渔船将供品沿江送至椒江口外，为五圣享用，以表虔诚之心，此为送大暑船之初衷。

大暑船与普通渔船中的大捕船等大，长约15米，宽约3米，船内设有神龛、香案，以备供奉。船内载有猪、羊、鸡、鱼、虾、米、酒等食品，与水缸、缸灶、火刀、桌、椅、床、榻、枕头、棉被等一应俱全的船上生活用品，并备有刀、矛、枪、炮等自卫武器。唯米用小袋装，每袋一升，为千家万户所施。

大暑船须在大暑节之前赶造成功。大暑节前数日，人们于五圣庙建道场，延请和尚做佛事，还愿者纷纷将礼品送到庙内，以备大暑节装船用。船须由一两名船老大驾驶到椒江口处，然后船老大改乘所带之小舢板回来，让大暑船趁落潮大水渐渐远离海岸，飘向茫茫大海。船只飘得无影无踪，才算真正被五圣接受，称得上大吉大利；如果船遇东风无法东进，涨潮时飘回海门关，乃是不吉利的征兆。驾船老大须挑选驾船技术高，且享有较高威信之人，并于五圣像前跪拜三叩头之后方可上船。放船时，众求神还愿者双手捧香，于江岸向船跪拜遥祝，口念佛号送船，一时诵声雷动，蔚为壮观。

送大暑船时，先要举行迎圣会，迎圣会分大迎、小迎。大年为大迎，小年为小迎，三年一大迎。迎圣会以后是送大暑船，此时迎圣会队伍自动散开，一字排列在江堤上。时辰一到，为首者一声号令，鞭炮齐鸣。江堤上善男信女，手握香烛，口念佛号，磕头遥拜，目送大暑船起航，顺江直下海门关口。

送走大暑船后，五圣庙戏台即开始演戏，少则三五天，多则七天、十天甚至半月，以示喜庆。葭芷街上上下下，喜气洋洋，热闹非凡。

19. 舟山渔歌

千百年来，一直流传于舟山民间的渔歌，是舟山渔民根据渔业生产的特殊性和流动性，逐步积累和创作出来的一种口头文学。它不仅富有浓郁的海洋气息和渔乡风情，而且含有深刻的人生哲理和生活知识。

舟山渔歌主要内容体现在航海知识、生产知识、鱼类知识、历史知识等方面。这些歌谣大多采用"借景抒情，咏物言志"的比兴手法，实中有夸张，虚中见真情，深入浅出，词简意赅，寓理于乐，雅俗共赏。

2009年，舟山渔歌被列入第三批省级非物质文化遗产保护名录。

20. 舟山船拳

舟山船拳，是舟山海岛渔民在长期的生产劳动中总结出来的传统武术技艺，具有极其浓厚的海洋文化特色。它发端于春秋，形成于明清，融合吴越船拳特点，适合在渔船、运输船等环境中对抗格斗，具有强身、护体、御敌的功能，是舟山地区特有的一种拳术。

史料记载，明朝中期，倭寇经常侵犯我国东南沿海，舟山海域成了抗倭斗争的主战场之一。抗倭名将戚继光从义乌招募来三千人充作水军，加以船上的水战拳术训练，后来这三千人在平倭战斗中发挥了重大作用。战后，他训练士兵水战用的拳术留在了舟山各海岛，当地老渔民将它称为"在船上练的拳"。历经舟山习练者的补充及完善，形成了独具海岛特色的舟山船拳。

2009年，舟山船拳被列入第三批省级非物质文化遗产保护名录。

21. 海岛传统儿童游戏

过去，虽然海岛渔民的家庭生活水平都不高，但渔民的孩子们凭借丰富的想象力和创造性，开展了许多对身心健康、智力发展有益的游戏，他们的童年生活依然很丰富、充满乐趣。这些传统游戏给儿童留下了深刻难忘的记忆，代代相传。

海岛的传统儿童游戏五花八门，且大都有渔岛渔村的特点。

比如拉网捯鱼的玩法是：一群孩童被当作海里的鱼，一个孩子充当网的角色，如果他抓到一人就成二人网，再抓一人成三人网……以此类推直至抓完所有孩子，即鱼都成网为止。

海上打擂台是东极镇每年夏天小孩子们在海边必玩的游戏。此游戏在很早以前就盛行于东极岛和周边海岛，为海岛渔娃们夏季必玩的游戏。

传统儿童游戏在海岛渔农村已传承千百年，随着社会生活的变迁，大多数游戏已经失传，但它是一笔宝贵的非物质文化遗产，因此要得到全社会的保护，并应在儿童的教育中推广普及。

2009年，传统儿童游戏被列入第三批省级非物质文化遗产保护名录。

22. 渔民传统竞技

渔民竞技是海岛人游戏的一种类型，产生于渔民的生产劳动之中。

旧时，渔船船体较小，生产、生活设施落后，渔民的生活枯燥、单调，而且生产作业也很艰辛。一有空闲，他们就在狭小的船体空间中因地制宜，自娱自乐，用一些游戏娱乐来打发时光，从而缓解海上劳作带来的紧张情绪。

爬桅杆、拔蓬、摇橹、抛缆、攀缆、车锚、搬酒埕、游泳、潜水、跳水、滑泥马、海滩拔河、海滩摔跤、织网等偏重于体能和技能的较量，经过一代代渔民的传承发展，逐渐成为一种富有海岛特色的体育竞技比赛。

2009年，渔民传统竞技被列入第三批省级非物质文化遗产保护名录。

23. 渔工号子

渔工号子是舟山海岛渔民在长期的生产劳动实践中自发创造的一种民间音乐。它从最初劳动中有节奏地叫喊开始，经无数次的加工完善传承，逐渐产生了韵律和音谱，最后形成了完整的渔工号子。

渔工号子历史悠久，底蕴深厚，种类繁多。凡涉及各种海上劳作的内容，渔工号子都有反映，如《拉网号子》《拔蓬号子》《掏鱼号子》《摇橹号子》等。同时，根据劳动强度大小，渔工号子又分为大号和小号两种。大号渔工号子反映的劳动内容往往高亢、凝重、充满力度，且有人领、有人和，俨然如一部大合唱，如《起锚号子》《拔蓬号子》等；小号所反映的劳动内容比较轻松，如《吊鱼号子》《掼网号子》等。

24. 塘工号子

塘工号子是千百年来沿海劳动人民在修筑海塘过程中逐渐形成的劳动号子，分布于嘉兴海盐县沿海一带秦山镇、武原镇、西塘桥镇、海盐经济开发区等三镇一区。

据考证，自秦代起已有修筑海塘的记载。在漫长的历史长河中，大海给人们带来巨大的利益，同时也给沿海人民带来深重的灾难。为了防御海潮侵袭，保护人民的生命财产，先民们筑圩修塘，从原始的土塘逐步过渡到柴塘、土石塘、石塘、桩基石，到近代则改为浆砌石塘、水泥塘、钢筋水泥塘，20世纪末修筑了百年一遇的标准海塘。在历代修筑海塘的劳动中，塘工号子也不断得到传承和发展。随着社会的发展和修筑海塘手段的现代化，原始劳动方式渐被淘汰，塘工号子也逐渐淡出劳动场面，濒临灭绝。

25. 澥浦船鼓

宁波镇海的澥浦早在600多年前就是浙东著名的渔、盐重镇，据传澥浦船鼓始于清中后叶嘉庆年间前后，也有说此时已经盛行，传说为当地渔民与外地迁此定居的渔民合力创造而成。澥浦船鼓是一种集打击（鼓）乐、船型道具舞、民歌小调三种艺术形式于一体的、具有非常鲜明的浙东渔区风俗特色的民间表演艺术形式，先是为当地渔民们出海捕鱼前祭祀海神、祈求平安和丰收，以及在捕鱼归来庆贺满载而归、抒发情感时所专用，后才融入庙会以及社会各项节庆活动，极受人们喜爱。

船鼓是极受群众喜爱的一项民间艺术，也是旧时庙会与节庆活动中的重要活动，但在20世纪中叶逐渐湮没失传。改革开放后，经镇、区、市、省四级文化部门的大力挖掘扶持，这一艺术形式又以崭新的姿态重现青春。

26. 嘭嘭咚（渔鼓）

温州苍南渔鼓，原称"嘭嘭咚"，系明末清初随着闽南三次大规模移民至浙南而传入的俚歌演变而成，故苍南渔鼓用闽南话说唱，流行于苍南、洞头、玉环及福建的福鼎等县。在洞头、玉环一带，人们又称其为"洞头渔鼓"。

苍南渔鼓采用一人击渔鼓、简板加说唱的形式。形式虽与许多地方的道情、渔鼓一样，但它的唱腔与众不同，具有浙闽沿海的渔歌风味，其曲调名为"嘭鼓调"。

中华人民共和国成立前，苍南渔鼓的演出活动和书目分两部分：水平较低的艺人走村串户唱门头词（短篇故事）；技艺较高的艺人则应聘至固定地点，每晚连续说唱传书（长篇书目）。苍南渔鼓的传统长篇书目有《岳飞传》《杨家将》《绿牡丹》《乾隆下江南》及流传在浙南的传奇故事《高机与吴三春》等。20世纪80年代后，随着老艺人的减少，苍南渔鼓的演出日趋衰落，目前尚存几位老艺人，保护与传承工作亟须加强。

27. 贝雕

洞头贝雕创始于20世纪40年代，分布在温州洞头县北岙镇一带，是在贝堆的基础上逐渐发展起来的。贝雕工艺利用贝壳的天然色加工而成，色彩自然且绚丽丰富。贝雕形状多样，质地坚硬细腻，打磨后亮丽光滑，可塑性强，可以生动表现各种花鸟山水、人物博古等艺术题材，其体积大小随意，是居家和公共场所的理想装饰品，具有特殊的艺术价值、经济价值、民间民俗文化研究价值。洞头岛屿众多，贝类品种多，贝壳资源相对丰富，贝雕具有很大的经济价值。

28. 洞头吹打《龙头龙尾》

洞头吹打的代表性曲目是《龙头龙尾》，由《水波浪》《龙头》《龙尾》《状元游》等曲牌连缀而成。它在演奏上的特点有：一是用脚来控制鼓声，即在击奏高脚大鼓时，将一只脚放在鼓面上，根据需要不断向鼓心或鼓边移动，用以表现海浪汹涌及海风劲吹的声势；二是演奏钹时，常将钹向上抛掷，或将一片钹平放，另一片立在上面打转，形成生动的演奏场面。这种演奏形式，是其他地区所未见的。

据老艺人追忆，《龙头龙尾》最早是百余年前由民间艺人叶卿从福建泉州带来的，其主要曲牌有《海螺》《梳妆台》《黄花连》等。洞头吹打《龙头龙尾》以其独特的演奏形式和地域特色受到我国民乐界的关注，乐曲已作为浙江省主要民间器乐曲目编入《中国音乐词典》。

参考文献

著作类：

[1] 陈勤建.中国民俗学 [M].上海：华东师范大学出版社，2007.

[2] 陈华文.浙江民俗史 [M].杭州：杭州出版社，2008.

[3] 蔡丰明.吴越文化的越海东传与流布 [M].上海：学林出版社，2006 .

[4] 董晓萍.田野民俗志 [M].北京：北京师范大学出版社，2003.

[5] 黄浙苏.信守与包容——浙东妈祖信俗研究 [M].杭州：浙江大学出版社，2011.

[6] 黄涛.中国民间文学概论 [M].北京：中国人民大学出版社，2013.

[7] 姜彬 金涛.东海岛屿文化与民俗 [M].上海：上海文艺出版社，2005.

[8] 金涛.舟山群岛海洋文化概论 [M].杭州：杭州出版社，2012.

［9］李加林 王杰.浙江海洋文化景观研究 ［M］.北京：海洋出版社，2011.

［10］李世庭.漫话舟山祠庙 ［M］.文史天地.北京文津出版社，2003.

［11］柳和勇.舟山群岛海洋文化论 ［M］.北京：海洋出版社，2006.

［12］刘秀梅.中外民俗 ［M］.河南：郑州大学出版社，2006.

［13］宁波市文化广电新闻出版局.甬上风物：宁波市非物质文化遗产田野调查·象山县 ［M］.宁波：宁波出版社，2008.

［14］曲金良 纪丽真.海洋民俗 ［M］.青岛：中国海洋大学出版社，2012.

［15］邱国鹰 陈爱琴.百岛民俗大观 ［M］.北京：光明日报出版社，2007.

［16］苏勇军.浙东海洋文化研究 ［M］.杭州：浙江大学出版社，2011.

［17］陶思炎.南京民俗 ［M］.南京：南京出版社，2016.

［18］乌丙安.民俗学原理 ［M］.沈阳：辽宁教育出版社，2001.

［19］万建中.中国民间文化 ［M］.北京：北京师范大学出版社，2010.

［20］王慕民 张伟 何灿浩.宁波与日本经济文化交流史 ［M］.北京：海洋出版社，2005.

[21] 文实.中国文化全知道 [M].北京：中国华侨出版社，2013.

[22] 杨宁.浙江省沿海地区海洋文化资源调查与研究 [M].北京：海洋出版社，2012.

[23] 钟敬文.民俗学概论 [M].上海：上海文艺出版社，1998.

[24] 郑土有 奚吉平.中国农民画考察 [M].上海：上海人民出版社，2014.

[25] 张开城 徐质斌.海洋文化与海洋文化产业研究 [M].北京：海洋出版社，2008.

[26] 张伟 苏勇军.浙江海洋文化资源综合研究 [M].北京：海洋出版社，2014.

[27] 张坚 邱宏方.舟山渔民号子 [M].杭州：浙江摄影出版社，2014.

[28]【美】理查德·鲍曼（Richard Bauman）.作为表演的口头艺术 [M].杨利慧 安德明，译.桂林：广西师范大学出版社，2008.

论文类：

[1] 黄玲.海洋民俗体育旅游内涵式发展的优势与策略——以浙江省海岛城市舟山为例 [J].首都体育学院学报，2009（5）.

[2] 金德章.舟山海岛的寿诞礼仪 [J].舟山文化.2007（2）.

[3] 金英.东海渔民的诞生礼仪习俗文化 [M]//郦伟山.渔

文化研究.中国文史出版社，2009.

[4] 刘芝凤.闽台海洋民俗文化遗产资源分析与评述 [J].
复旦学报（社会科学版），2014（3）.

[5] 毛海莹.文化生态学视角下的海洋民俗传承与保护——
以浙江宁波象山县石浦渔港为例 [J].文化遗产，2011（2）.

[6] 毛海莹.浙江地方民俗文化与外来文化互融研究
[M] //张伟.浙江海洋文化与经济（第2辑）.海洋出版社，2008.

[7] 水寿.东海渔民的结婚习俗与礼仪文化 [M] //郦伟山.
渔文化研究.中国文史出版社，2009.

[8] 吴成根.我国渔民的保护神 [J].渔文化（象山县渔文
化研究会会刊），2006（3）.

[9] 萧放.文化视野下的中国民间游戏娱乐 [J].民俗研
究.1993（1）.

网站类：

[1] 中国非物质文化遗产网 http://www.zgfy.org/.

[2] 浙江省非物质文化遗产网 http://www.zjfeiyi.cn/.

[3] 宁波市非物质文化遗产网 http://www.ihningbo.cn.

[4] 中国海洋大学网站 http://uzone.univs.cn.

[5] 舟山政府网 http://www.zhoushan.gov.cn.

[6] 中国台州网 http://www.taizhou.com.cn.

[7] 宁波象山县政府网站 http://www.nbxs.gov.cn.

[8] 中国渔港古城石浦 http://www.shipu-china.com.

[9] 浙江舟山嵊泗县图书馆网站 http://www.sstsg.cn.

［10］岱山县海洋文化博物馆网站 http://www.dswg.com.cn.

［11］温州洞头新闻网 http://www.dtxw.cn.

［12］台州石塘镇网站 http://www.shitangz.zj.com/.

后记
POSTSCRIPT

我一直想写一本关于浙江海洋民俗文化的书，几度春秋，现在终于如愿了。对海洋民俗的兴趣与研究源于2009年赴宁波象山的一次海洋文化论坛，之后我不间断地赴各地参加了一些海洋文化研讨会，也专门赴浙江省的舟山群岛、宁波象山的石浦渔港和东门岛、台州温岭的石塘渔村以及省内外其他沿海岛屿进行田野调查，实地了解当地海岛民俗，搜集一手资料。如果说本书有些价值的话，那田野调查得来的资料是功不可没的。

浙江是个海洋大省，除了有"千岛之市"之称的舟山市外，散布在浙江海岸线上的大大小小的岛屿如珍珠般熠熠闪光。"靠山吃山，靠海吃海"，背靠大山、面向大海的独特地理优势使得浙江拥有山珍海味的双重资源。作为生于长于海滨城镇的我，日常饮食中自然少不了海鲜海味，生活方式中也免不了带有海洋印迹，可以说受海洋的熏陶是潜移默化的。东海是一个神秘而富足的宝库，海岛渔民千百年来的生产、生活、信仰、禁忌、节俗还不为许多人所知，这也是我进一步挖掘、研究海洋民俗的主要动力。当然，更为重要的是，迄今为止国内还没有一本关于浙江海洋民俗文化的系统著作，拙作算是弥补了这个缺憾，是对海洋民俗的一次尝试与突破。

本书也是在浙江省委提出的"发展海洋经济、建设海上浙江"的重大决策下应运而生的，旨在通过对浙江海洋民俗文化的系统研究，使广大民众及青年学生了解并掌握基础的海洋民俗文化知识，在习得知识的同时培养他们感受海洋文化、体验海洋民俗的能力，激发广大民众及青年学生热爱海洋、发现海洋、认识海洋并利用海洋的热情。同时将浙江海洋民俗与非物质文化遗产相结合进行研究，体现当下性与实用性。

本书围绕浙江海洋民俗文化做文章，主要以浙江省内的宁波、舟山、台州、温州等地的沿海岛屿海洋民俗为论述对象，涵盖九大块内容，分别是：海洋物质生活民俗、海洋生产商贸民俗、海洋人生仪礼民俗、海洋竞技游娱民俗、海洋民间信仰习俗、海洋民间禁忌习俗、海洋民间文艺民俗、海洋渔风节日民俗、海洋民俗的交流与传播。著作吸取了现代民俗学的思想，强调海洋民俗的传承与现代化，在文字与图像的交叉结合中阐述浙江特色的海洋民俗文化，力图成为读者习得海洋民俗文化、了解浙江地方文化的引航灯。

文化是一个民族的根，是一个民族的魂。我国海洋文化是中华文化的重要组成部分，不但在政治、经济、社会、环境等方面具有重要的文化价值取向，而且在人文价值方面具有广阔的发展空间。在经济全球化的时代，提高海洋意识、发展海洋文化，是文化立国的重要举措，是中华民族屹立于世界民族之林的重要途径。我们要树立时代精神与民族精神、科学精神与人文精神相结合的先进的海洋文化价值观，尤其要重视具有民族特色的海洋民俗文化研究。经过长期传承、融合、发展、创新后逐渐形成的浙江海洋民俗必将成为世界文化大潮中一道独特的风景线。

此外，为了促进世界各国之间民俗文化的交流与融合，增进国家与国家、民族与民族之间的了解与信任，也要进行国际民俗文化圈的研究。以海洋民俗为媒介，增强国与国之间的民俗认同感，是海洋民俗发展与传播的重要使命。珍贵翔实的海洋民俗文化资料也是对现有历史认识的有益补充。

本书是以民俗事象分类法为体系撰写的，突出了浙江海洋民俗的特点，适应了当前海洋学科发展的需要，为海洋研究学者提供了一定的参考资料。本著作为海洋民俗文化知识的推广与普及打开了通道，也是有效提升广大市民和高校本专科大学生人文科学素养的一本通识类文化著作。

本书在写作过程中得到了浙江省海洋文化研究创新团队、宁波市文联、宁波市民间文艺家协会及我所在单位宁波大学领导同事的大力支持，著作被列为2016年度宁波市文联重点文艺创作项目、2017年度宁波市文化精品工程重点扶持项目。特别感谢华东师范大学博导陈勤建教授、浙江师范大学陈华文教授、宁波大学龚缨晏教授和张伟教授、宁波市民间文艺家协会周静书主席、舟山市民间文艺家协会张坚主席、象山渔文化研究会郦伟山先生、奉化市民协江圣彪先生，他们都以不同的方式给予我写作方面的诸多指导与帮助。象山县文化广电新闻出版局副局长吴健，象山县非物质文化遗产保护中心主任张艳，象山县石浦文化馆解亚萍老师以及舟山市非物质文化遗产保护中心赵翔老师等都提供了十分有价值的图片资料，在此谨表深深的谢意！同事苏勇军、林波、杜娅林三位副教授在前期都给予了大力支持，还有研究生毛璇、李芬芬、高邦旭、沈郑霞、林晓莉等都曾协助过我搜集校对资料，徐正韬同学协助我进行田野调查，也向他们及其他诸多师友表示感谢。本书在撰写过程中还参阅了相关文献，进行了多处海洋非物质文化遗产调研，在此向有关作者及非遗传承人一并致谢！编辑卢川老师为本书倾注了大量心血，感激之情溢于言表。

由于作者水平有限，书中难免有不当之处，敬请专家、学界同仁及读者批评指正。拙作抛砖引玉，期待有更多的海洋民俗著作问世。

毛海莹

2018年初夏

于宁波清泉书屋

图书在版编目（CIP）数据

东海问俗：话说浙江海洋民俗文化/毛海莹著. —
杭州：浙江大学出版社，2018.6
ISBN 978-7-308-18044-3

Ⅰ.①东… Ⅱ.①毛… Ⅲ.①渔民－风俗习惯－浙江
Ⅳ.①K892.455

中国版本图书馆CIP数据核字（2018）第049817号

东海问俗——话说浙江海洋民俗文化

毛海莹　著

策划编辑	陈丽霞
责任编辑	卢　川
责任校对	於国娟　唐微韦
封面设计	周　灵
出版发行	浙江大学出版社
	（杭州市天目山路148号　邮政编码310007）
	（网址：http://www.zjupress.com）
排　　版	杭州兴邦电子印务有限公司
印　　刷	虎彩印艺股份有限公司
开　　本	880mm×1230mm　1/32
印　　张	9.375
字　　数	230千
版 印 次	2018年6月第1版　2018年6月第1次印刷
书　　号	ISBN 978-7-308-18044-3
定　　价	58.00元